研究生教育
管理与实践

栾云波 著

中国海洋大学出版社

·青岛·

图书在版编目（CIP）数据

研究生教育管理与实践／栾云波著. —青岛：中国海洋大学出版社，2021.11
ISBN 978-7-5670-2998-9

Ⅰ.①研… Ⅱ.①栾… Ⅲ.①研究生教育—教育管理—研究—中国 Ⅳ.①G643

中国版本图书馆CIP数据核字（2021）第220122号

YANJIUSHENG JIAOYU GUANLI YU SHIJIAN
研究生教育管理与实践

出版发行	中国海洋大学出版社	
社 址	青岛市香港东路 23 号	邮政编码 266071
网 址	http://pub.ouc.edu.cn	
出 版 人	杨立敏	
责任编辑	滕俊平	电 话 0532-85902342
电子信箱	apptjp@163.com	
印 制	北京虎彩文化传播有限公司	
版 次	2021年11月第1版	
印 次	2021年11月第1次印刷	
成品尺寸	170 mm × 240 mm	
印 张	16.25	
字 数	253千	
印 数	1～1 000	
定 价	59.00元	
订购电话	0532-82032573（传真）	

目　录

第一章 研究生教育管理的
时代背景与现实基础

　　在中国特色社会主义进入新时代，面对世界百年未有之大变局，中华民族伟大复兴战略全局开启的关键时期，2020年，全国研究生教育大会召开，旨在促进研究生德智体美劳全面发展，培养一大批德才兼备的高层次人才，切实提升研究生教育支撑、引领经济社会发展的能力。①全国研究生教育大会的召开，表明国家对研究生教育的重视，研究生教育进入新的发展阶段。

第一节　时代背景下的研究生教育管理

一、时代背景

　　2020年9月22日，教育部、国家发改委和财政部联合发布的《关于加快新时代研究生教育改革和发展的意见》明确提出，到2035年，我国将

---

① 北京理工大学研究生教育研究中心. 加快新时代研究生教育改革发展系列文件资料汇编［M］.北京：中国科学技术出版社，2020：11.

初步建成具有中国特色的研究生教育强国。[1]2019年，全国共招收研究生91.65万人，其中博士生招收10.52万人，研究生在校人数已经达到286.37万人。[2]我国的研究生教育体系基本上构建完成，培养了大批高层次创新人才，大量研究成果迅速转化成生产力，人民的生活质量得到提高，国家的国际影响力也显著增强。研究生教育成为我国建设现代化强国的智力支撑和培养人才的源泉，亦是实现中华民族伟大复兴的不二选择。

此时，我国的经济发展已经进入快速发展时期，并面临着取得重大成果的重要战略机会，需要改变发展方式，提高发展质量和效率，优化工业结构，促进创新，加快所有领域体制机制的改革发展，深化全面开放，对外部环境变化做出适当反应，促进经济的长期稳定和健康发展。

提高发展质量、推动效益提升、调整优化产业结构，需要高层次的人才。而研究生教育是一个国家培养高层次创新人才的重要方式之一，应当提高教育质量并优化学科配置，为国家经济和社会发展助力。

二、研究生教育管理政策

研究生教育管理的政策工具主要有规范性文件、重点建设政策和宏观调控政策等。

1. 规范性文件

涉及研究生教育的规范性文件有法律、行政法规、政策文件等。法律有《中华人民共和国教育法》和《中华人民共和国高等教育法》。《中华人民共和国教育法》第二十二条、第二十三条提出国家实行学业证书

---

[1] 教育部 国家发展改革委 财政部关于加快新时代研究生教育改革发展的意见［EB/OL］.（2020-09-22）［2020-10-21］. http：//www. gov. cn/zhengce/zhengceku/2020-09/22/content_5545939. htm.

[2] 教育部. 2019年全国教育事业发展统计公报［EB/OL］.（2020-05-20）［2020-05-21］. http：//www. moe. gov. cn/jyb_sjzl/sjzl_fztjgb/202005/t20200520_456751. html.

制度和学位制度，为我国研究生教育管理体制奠定了法理基础。《中华人民共和国高等教育法》详细规范了研究生教育的基本标准和教育管理的基本制度。

有关研究生教育的行政法规有《中华人民共和国学位条例暂行实施办法》和《高等教育职责管理暂行规定》。前者属于程序性规范，细化了《中华人民共和国学位条例》；后者属于实体性规范，明确了研究生教育管理主体的职能和责任。

有关研究生教育的政策文件有《关于改进和加强研究生工作的通知》《国务院学位委员会 教育部关于进一步严格规范学位与研究生教育质量管理的若干意见》《教育部 国家发展改革委 财政部关于深化研究生教育改革的意见》《学位与研究生教育发展"十三五"规划》等。上述文件确立了我国研究生教育发展改革的方针、思想和思路，系统规定了招生考试、人才培养、学位点建设、经费投入、评估监督等方面的政策。

2. 重点建设政策

改革开放以来，我国研究生教育历经重点学科建设—"211工程"—"985工程"—"2011计划"—"双一流"建设等过程，充分发挥了"以点带面、集中突破、整体跃升"的示范效应和引领作用。

学科建设是研究生教育重点建设项目的基础。学科承担了教育的诸多功能，而学科设置也成为对研究生教育进行管理的政策工具。自改革开放后，我国共进行了四次学科目录体系调整。"211工程"的核心建设任务是重点学科发展；"985工程"建设是从重点学科切入；"2011计划"的核心任务是学科创新；建设世界一流学科是"双一流"建设明确提出的。基于学科建设的重点建设政策推动高校全面发展、高质量发展，最终实现高校的整体发展。

3. 宏观调控政策

改革开放以来，宏观调控政策在研究生教育的规模、质量、结构、效益等方面明显发挥作用，其中招生政策是宏观调控政策的主要代表，具有杠杆功效和传导效应。招生政策规范、限制着研究生教育的发展规模和结构，具体表现为不仅调控着学术学位与专业学位、全日制与非全日制、不同学科门类等各级各类研究生的规模与比例，还直接影响着不同学位层次、不同学位类别、不同培养模式、不同学科的研究生教育结构。在现行研究生教育管理体制下，各培养单位主要按照国家计划、发展基础和办学需求确定年度招生规模。

三、新时代的研究生教育管理

习近平总书记的重要指示批示为研究生教育的发展与改革指明了新方向。党的十八大以来，以习近平同志为核心的党中央对研究生教育工作提出了新的要求，并将其摆在非常重要的位置上。2020年7月，习近平总书记在关于研究生教育工作的重要指示中，对研究生教育改革发展提出了坚持"四为"方针、瞄准科技前沿和关键领域、深入推进学科专业调整、提升导师队伍水平、完善人才培养体系、加快培养国家急需的高层次人才的明确要求。2020年7月29日，在全国研究生会议上，孙春兰副总理强调应贯彻党的教育方针，坚持"立德树人"，把握好研究生教育的定位，合理推进学科专业布局优化，在注重研究生分类培养的同时，加强导师队伍建设，助力研究生教育实现新的发展。2020年7月30日，教育部召开党组会议，专题传达学习习近平总书记的重要指示批示精神。陈宝生部长指出，教育系统要深刻领会习近平总书记重要指示的重大意义和精神实质，创新工作思路，完善配套措施，凝聚合力，全面推进新时代研究生教育改革创新。①

目前，我国正处于高等教育普及化阶段，研究生人数不断增加，研究生所占比例越来越高。随着研究生教育的多样化发展，研究生教育管理将面临新的挑战。研究生教育管理的一项紧迫任务是如何使研究生更好地适应复杂的内外环境，并确保和提高研究生教育的质量。对研究生教育的管理模式进行改革，对建设一流大学和培养一流的研究生具有重要的意义。

第二节　研究生教育管理的现实状况

一、我国研究生教育的现状

自1978年我国恢复研究生招生以来，经过40多年的发展，研究生教育取得了重大进展，并得到社会各界的广泛认可。与此同时，研究生教育和管理质量正在提高，提高国家创新能力的目标正在逐步实现。

1. 建立了符合我国国情的研究生教育制度

我国研究生教育制度的建立经历了漫长而曲折的探索过程。1935年，南京国民政府颁布《硕士学位考试细则》和《学位分级细则》，对研究生教育从学位授予的级别、学位评定的办法到学位候选人等都做了规定，我国的研究生教育由此产生。1951年，我国颁布并实施了第一个研究生招生办法。1953年，高等教育部颁布《高等学校培养研究生暂行办法（草案）》，指出招收研究生的目的是培养高校的师资力量和科研人员。"文

---

① 北京理工大学研究生教育研究中心. 加快新时代研究生教育改革发展系列文件资料汇编［M］. 北京：中国科学技术出版社，2020：11.

革"时，我国研究生教育中断。1980年，《中华人民共和国学位条例》颁布实施，开始在我国建立三级文凭制度：学士、硕士和博士。从1988年起，国务院学位委员会开始关注专业学位的发展，并实施和推进专业学位研究生培养制度。目前，我国的研究生教育系统分为国家、地方、高校三个层次，三者相互联系、互促互进。

2. 为国家的经济建设与科学发展输送高质量专门人才

自1978年以来，我国的研究生教育逐步恢复，研究生教育制度逐步完善和发展，研究生入学率迅速提高，培养质量不断提高。研究生教育的发展促进了国家经济、社会的发展，为国家提供了许多高层次人才，对社会进步和经济繁荣起了很大作用。

二、我国研究生教育管理中存在的主要问题

1. 研究生教育管理方式存在缺陷

这些缺陷主要有以下几个。①主管部门在确定研究生教育单位的招生人数时，通常根据其前一年的基础人数和平均增长率来分配，基本上是一种经验性分配，不能使本科培养与研究生培养很好衔接，使培养单位无法根据市场反馈和办学条件灵活地调整招生数量和招生专业。②我国高校正忙于从较低层次向较高层次发展，内部建设不完善，兼之教育中介组织监管力度不够、教育行政部门管理机制效率较低，导致研究生教育存在一定问题。③法律法规不健全。自1980年《中华人民共和国学位条例》颁布以来，我国的学位与研究生教育制度历经变革，但并没有推进立法建设，导致我国研究生教育在许多方面缺乏法律支撑。

2. 结构不平衡

近些年，我国研究生的招生数量一直在增加，一些高校甚至有盲目扩大的倾向。很多高校虽然注重提升研究生的教育质量，却忽略了基础学

科教育，比如自然学科中的基础学科所占比例较小，人文社会学科发展有"重经管、轻人文"的态势。另外，在很多高校的研究生教学中，导师并没有对技能教学给予充分的重视，学生也更多地偏向知识的学习。

3. 缺乏适当的研究生教育质量评估制度

长期以来，我们对教育质量的看法已经固化。比如，一谈教育质量和学术水平，标准就有三个：发表的文章数量、现有科研项目的数量以及项目资金的多少。显然，用研究型大学培养精英人才的质量标准来衡量普通高校的办学水平是不合理的。什么是高质量的研究生？高质量表现在哪些方面？高校应找到这些问题的答案，对学生的评价也应有不同的标准。

三、研究生教育管理的意义

研究生教育是培养人才的主要手段，在促进高层次大学建设和创新国家发展方面发挥着不可替代的作用。而研究生教育管理对研究生教育有着重要作用。

（1）研究生教育管理活动，能全面优化研究生教育系统的人力、财力和物力资源分配，优化研究生教育系统与其他相关系统之间的关系。

（2）加强研究生教育管理能有效解决我国研究生教育发展中存在的问题。目前，我国正处于高等教育普及化阶段，研究生人数不断增加，研究生所占比例也在稳步上升。规模的扩大必然会增加管理的难度。研究生培养机制的改革，已成为研究生教育管理的一项重要内容。

（3）加强研究生教育管理对于建设高层次大学是必要的。大学的使命之一是培养高层次人才，以促进国家经济发展。我们应积极探索适合我国国情的研究生教育管理方式，从而提高研究生培养质量，促进研究生教育的发展，为我国的人才强国战略实施添砖加瓦。

第三节 研究生教育管理的时代挑战

随着知识经济时代的到来和国家创新体系的发展，作为教育结构最高层次的研究生教育的重要性日益增加。中国经济持续、健康、快速发展，为研究生教育的改革和发展提供了前所未有的有利机遇。研究生教育应满足新时代的人力资源需求，为经济发展和社会进步做出贡献，这是我国研究生教育管理的重要任务，也是我国研究生教育的历史使命。

一、研究生教育管理面临的挑战

（一）研究生辅导员权威性不够，思想政治教育不到位

当前，高校辅导员角色演绎多样化。辅导员不但是思想政治教育的实施者，承担对学生进行思想政治教育的职能，而且是学生日常事务的管理者，还是学生的人生导师，是学生成长路上的引路人。但很多辅导员在实际的教育工作中，因自身所负责的研究生数量过多且事务性工作过于繁忙而被束缚住手脚。

同时，作为成年人的研究生思想已成熟，有自己的思维方式，具有独立处理问题的能力。加之现在辅导员普遍年轻化，与研究生的年龄相差不大，工作经验不足，所以高校辅导员很难在研究生面前树立起威信。

大多数研究生在日常学习生活中重视专业学习，而对政治理论的学习不重视，思想政治教育不到位。

（二）研究生教育中的师生关系问题

1. 师生关系不平等

研究生与导师之间在自然权利和个人的社会权利方面是平等的，但实际上很难做到这一点。

首先，导师在知识数量、学术资源和学术地位方面具有相对优势。从知识的角度来看，导师拥有的知识量比研究生的知识量要大得多。在研究生阶段，导师拥有的学术地位和资源远远超过研究生，这在某种程度上限制了研究生的自主性和创造性的发挥，在一定程度上导致了不平等。

其次，在传统的师生关系中，导师的地位相对较高。在传统思想中，教师处于中心地位，甚至直到现在"一日为师，终身为父"的说法依然为很多人认同。

最后，研究生与导师的关系可能出现的另一个极端情况是导师的地位相对较低。这种情况，一般来说比较容易出现在研究生生源相对稀缺或者研究生培养质量较低的培养机构中。这类机构由于自身的原因，将对研究生的要求转移到对导师的刚性考核中，导致许多导师将精力集中在学生的教育、毕业和就业上。

2. 师生关系异化

研究生和导师之间的关系异化，在雇佣型的师生关系中表现最为突出。[①]导师和研究生在一定程度上合作开展科学研究，而导师往往是科学项目和资金的提供者，所以有时研究生感到自己被导师雇用了。因此，许多研究生将其导师称为"老板"。同时，许多导师认为，他们向研究生支付"工资"，研究生必须付出一定的劳动。这使研究生和导师立场发生改变，定位发生偏差。在这个过程中，师生之间的教育关系往往被掩盖或者被替换为雇佣关系。相应地，培养学生的导师被异化为雇主，攻读学位的研究生则被异化为雇员，双方共同完成的教育实践则变成了科研工作的附属品或者副产品。

---

① 鲁义善，夏立群. 研究生教育中师生关系存在的问题及优化建议 [J]. 大学教育，2019（10）：27-29.

3. 师生关系紧张或冷漠

导师和学生之间的关系紧张或冷漠是上述两个方面导致的更为严重的结果。导师与学生之间的不平等和疏远可能导致他们对彼此的认可程度下降，进而导致关系紧张。一方面，导师和学生对彼此的学术研究能力等缺乏了解，可能对彼此产生负面评价和负面印象。另一方面，导师和学生对对方处理人际关系的方式缺乏了解，可能导致双方之间关系冷漠。在向学生传授知识和进行道德教育等方面，导师首先是研究生的第一负责人，当导师和学生之间难以进行有效的沟通时，会导致极端的结果，即关系紧张或冷漠。当关系紧张或冷漠达到一定程度时，容易发生极端事件，如2016年1月某大学研究生校内自杀事件以及2017年12月某大学博士溺水身亡事件。

二、我国研究生教育管理的成果

1949年以来，我国研究生教育在改革中探索并完善，取得了巨大的进步，为社会主义现代化做出了贡献。

1. 立足社会发展需求，培养高层次人才

新中国成立之初，研究生教育的重点是培养国家紧缺的人才。改革开放后，研究生教育凭借多元方式与国家经济和社会发展深度融合，成为推动国家、区域和城市发展的强大动力。

21世纪，我国研究生教育的核心任务是培养高层次人才。随着研究生教育的不断创新、培养模式的不断成熟，我国形成了具有中国特色的研究生培养模式，培养了大批高层次人才，为国家和社会发展提供了重要支持。

2. 遵循教育规律，优化研究生教育过程

"提高质量"是我国研究生教育探索与发展过程中的一项重要任

务。为提高研究生培养质量，我国不断创新研究生培养模式和方式。我国研究生培养从最初的单一模式向学术型和专业型两类培养模式转变；培养模式不断创新，采用学校与企业共同培养、中外共同培养、学校与研究所共同培养等多种人才培养模式。

国家为提升研究生教育质量，推动研究生教育发展，经过不懈的探索与研究，构建了包括学位授予单位、政府教育行政部门、学术组织、行业部门以及社会机构在内的"五位一体"研究生教育内外部质量保障体系，通过五类主体的协同作用，不断提升研究生教育质量，并开展了学位论文审查、学科评估等质量保障活动。

3. 服务国家战略，紧跟时代脚步

近年来，国家不仅制定了加强科研与创新的重要战略，还为"一带一路"建设等大力培养高层次人才。党的十八大召开以后，作为研究生培养主体的高校，建设了全国60%以上的国家重点实验室、工程中心，承担了全国60%以上的基础研究工作和"973项目"等国家重大科研任务，汇聚了全国60%以上的院士、杰出青年等高层次人才，产出了全国80%以上的SCI论文和重大科研成果。因此，深刻认识研究生教育在国家创新体系中的战略支撑地位，加快建设研究生教育强国，切实提高研究生教育质量与水平，是提升我国国际竞争力的必然选择。[①]

研究生教育要紧跟时代脚步，勇于创新，敢于探索新的培养模式。在习近平总书记的指示下，新时代研究生教育要以教育质量为中心，优化学科布局，推动研究生教育内涵式发展；在进行全方位国际交流合作的基础上，大力推进"双一流"高校建设。

---

①王战军. 迈向新时代，加快推进研究生教育强国建设［J］. 中国研究生，2020（7）：10-14.

三、新时代我国研究生教育的战略选择

多年的发展为我国研究生教育提供了坚实的基础，使我国的研究生教育能够在新时代以国家战略需要为基础，以建设"双一流"为导向，开辟新的发展道路。

1. 以立德树人为根本，促进研究生教育内涵式发展

研究生教育的一个重要组成部分是道德教育，道德教育是培养社会主义接班人的核心，也是培养创新人才、优秀人才的重要组成部分。全国教育大会指出，为了进一步深化教育体制改革、完善大学立德树人的执行机制，研究生教育必须融入道德教育、文化教育和社会实践教育。高校要明确教育的根本目的，以立德树人作为研究生教育工作的根本出发点和落脚点，提高立德树人意识，把学科建设、科研、教学管理以及人才培养等环节与立德树人融合在一起，使立德树人成为学校工作的基本准则和价值标准。

作为研究生教育的主要负责人，导师必须以立德树人为己任，明确并承担起自己在道德教育方面的责任和义务，将导向作用发挥好。此外，应培养研究生正确的道德观念，使其形成正确的世界观、人生观、价值观。

2. 以理论研究为基础，把握研究生教育发展规律

研究生教育的发展离不开对研究生教育规律的研究。研究生教育理论仍处在初级阶段，理论研究基础仍然十分薄弱。应加强理论研究，逐渐探索出具有中国特色的研究生教育发展道路。

第一，不断加强对研究生教育发展模式和育人模式的研究。一方面要加强对研究生教育政策的学习，更好地理解研究生教育的基本问题；另一方面要对研究生教育的特殊性进行深入分析，以对研究生教育的改革与实践进行更有效的指导。第二，创新研究生教育研究范式，如采用以大量数据为基础的动态研究模式。第三，逐步组建研究生教育学术共同体，使世界听到我国研究生教育的学术声音并扩大国际影响力。

3. 以战略需求为导向，加快研究生教育发展的步伐

"互联网+""云计算""5G""大数据""人工智能"等信息技术的迅猛发展，需要更多的高层次人才。从国际竞争来看，贸易战呈现出新的特点，如美国把矛头直指中国制造2025的十大核心领域。在这场规模空前的贸易战背后是人才的竞争，特别是在中国制造2025涉及的信息技术、智能制造、新材料、生物医药等行业领域。为了适应新时代的新情况和新变化，我国研究生教育必须为国家发展战略服务，加快新学科、交叉学科的发展，面向关键技术领域，培养高层次人才，发展先进技术。

4. 以提高质量为核心，完善研究生教育质量保障体系

现代化教育强国要求高质量的研究生教育。其中，规模是基础，质量是目标。我国自改革开放后逐步建构了研究生教育质量保障体系，实现了优质生源多样化选择、培养过程规范化以及学位论文审核专家化。新时期，我们应该认识到我国的研究生教育质量与党和人民的要求、与国外高水平的研究生教育仍然存在明显差距，应聚焦提升研究生教育质量，完善研究生教育质量保障体系。

第二章 研究生教育管理的内涵重构

当前，我国高等教育发展的核心理念是内涵式发展，走内涵式发展道路是中国特色社会主义高等教育发展的必然趋势。[①]习近平总书记在党的十九大报告中明确指出要加快世界一流大学和一流学科建设，实现高等教育内涵式发展。推动高等教育内涵式发展成为我国高等教育改革发展的重要任务。

"实现高等教育的内涵式发展本质上就是实现高校的高质量发展。'高等教育的内涵式发展'是指反映或符合高等教育内在本质要求的发展理念与发展方式，发展的目标是使得高等教育的本质特征能够更加充分地体现或实现。"[②]因此，为了实现高质量发展，各高校应从内涵入手，找到符合或反映自身本质特征的发展理念与发展方式，并对其进行内涵重构，厘清自身现实情况，找准自己的立身之地，实现高质量发展。

研究生教育与本科教育有很大不同，学习内容更加深入，教学与科研占比、成绩考核与考评等方面也有着不一样的衡量标准。因此，应对研究生教育管理进行内涵重构，旨在实现研究生教育的高质量发展。

---

① 崔瑞霞，谢喆平，石中英.高等教育内涵式发展：概念来源、历史变迁与主要内涵［J］.清华大学教育研究，2019（6）：1-9.
② 崔瑞霞，谢喆平，石中英.高等教育内涵式发展：概念来源、历史变迁与主要内涵［J］.清华大学教育研究，2019（6）：1-9.

第一节　管理理念更新

一、关于理念

（一）教育管理理念

理念，即一种思想，指人在观察到一些现象时，用自己的语言进行诠释，并总结和归纳出思想、经验和观念。例如，"种瓜得瓜，种豆得豆"就是一种理念，是人类在农业活动中总结出的经验：不劳作就没有收获。

在管理过程中，随着各种管理活动的开展，管理者吸取经验和教训，逐步总结出规律，用管理语言进行诠释，并认为在管理活动中必须遵守这些规律。这些思想观念和语言，逐渐凝结成了管理理念。

教育管理理念是人们对教育实践及其思想和观念的理性自觉，是教育观念的变革和理性构建，是教育领域改革和发展的理论性思想先导。教师在经验积累的基础上，根据教育管理理念，有序开展各种教学教育活动，以期提高教育活动的效率和质量，这就是形成教育管理理念的意义。在当今的教育改革中，专才教育与通才教育、知识教育与素质教育都属于教育管理理念。

（二）如今的教育管理理念

现代大学教育以培养学生的创新能力和实践能力为核心，旨在实现人的可持续发展。高校通过合理配置人、财、物等资源，将制度管理与情感管理有机结合，对教育领域进行系统管理，实现教育的和谐发展，培养站在时代前沿的高素质人才，提升高校的办学水平。^①有学者指出，我国今天的经济发展越来越依赖于高等教育，亟须大学"出手"解决一系列"卡脖子"问题。^②

以人为本，以学为本，构建可持续发展的现代大学教育，是当今教育界必须遵循的教育管理理念。

二、现今教育管理理念的偏差

（一）"五唯"现象突出，评价导向单一，形式主义严重

在我国研究生教育领域，评价标准单一且技术落后，评价过程中"五唯"现象严重。"五唯"现象指的是高校在评价过程中，"唯论文""唯帽子""唯职称""唯学历""唯奖项"的教育评价乱象。例如，在某些高校中，"唯论文"现象严重，教师评奖评优、年终考核、申请项目、晋升职称等以论文为唯一的评价标准；在选拔人才时"唯文凭"现象严重，谁的学历高、毕业学校好就会被优先录用，却不考虑其能力，有的单位甚至会对"帽子"明码标价，用年薪、科研启动经费、配套政策等对人才分类录用，却不考虑其实际能力与单位的具体需求，有能力却没"帽子"的人往往没有用武之地，长久发展下去会严重影响学术的可持续发展。

（二）"官本位"思想严重，学术权力薄弱，缺乏办学自主权

一些高校在管理过程中，行政化倾向严重，"官本位"思想阻碍了学术发展。在学术活动中，一些教师为了追求利益，不惜牺牲科研时间来维护各种关系，甚至将科研资金使用到与科研无关的方面，走上了违法违纪的道路。

---

① 纪宝成. 世纪之交中国高等教育管理体制改革的历史回顾［J］.中国高教研究，2013（8）：6-13.

② 邬大光. 大学转型发展的时代呼唤［J］. 中国高教研究，2021（8）：4-9，55.

三、研究生教育管理理念的变革

（一）由重数量到重质量的评价理念转变

应克服"五唯"顽疾，加强教育评价改革，扭转研究生教育的功利化倾向，提升教育质量。

1. 建立多元人才评价体系

各高校应根据自身的实际进行合理定位，构建多元人才评价体系，维护选拔公平，让每个教师都有平等的机会进行职业发展。评价主体不仅包括上级领导，还可邀请教育管理方面的专家对教师的绩效和成果进行测评，给出专业指导意见。加强学生对教师的评价。学生是课堂的主要受众，对课堂有着最为直接的感受和体验，因此要加强和重视学生对教师的评价。还可引入教师互评，让同行对教师的学术能力、品德操行等进行综合评判。另外，应对教学型教师与科研型教师进行区分，设立不同的考核指标。

2. 对研究生教育进行软管理，用软管理的理念引领教育评价改革

毋庸置疑，软管理与硬管理相反，即用民主的、激励性的、带有感情的管理方式对成员进行管理，使其能够自觉主动地进行自我矫正，完成组织安排的任务。

高校教师，是以创造性脑力劳动为主的高级知识分子，更需要软性的管理方式与和谐的组织环境以保证创造力的实现。而"五唯"是以数量为主的硬管理指标，不仅不符合学术创造性的特点，还会压制部分教师的积极性，因此应该用民主的、带有激励性的软管理方式来进行教育评价。在设定教育评价指标时，要征求教师的意见，不以论文数量为唯一评价指标，扭转研究生教育评价的功利化倾向，创造良好的高校文化与环境。

（二）由重管理到重治理的方式理念转变

高校在研究生教育改革过程中，应由"官本位"向"学本位"转变，建立高校内部治理机制，构建学术权力与行政权力分工协作机制，对行政权力进行监督。明确学术权力与行政权力的边界，建立学术监督委员会，使得学术权力不受行政权力干涉。

夯实学术权力。鼓励研究生导师进行学术创新，提高研究生导师在高校中的地位，关注教师的获得感与幸福感。

（三）由重职业发展到重社会实践的责任理念转变

研究生教育不能只重视学生的理论积累和职业发展，更要关注所在地区的状况，使学生培养与国家和地区发展相融合。第一，各地区要多方引进人才，依靠人才发展当地经济、文化等；第二，除对经济较落后的地区给予扶持之外，各地区要谋求与周边发达地区的经济合作，建设研发平台，为研究生就业提供载体，使研究生教育发展与当地发展结合起来，提升当地的科技创新能力，为当地发展做出贡献。

此外，随着当今时代的发展，研究生教育也要逐渐打破学校的围墙，加强与外界社会的交流，加强校企合作，培养新型、复合型、创新型人才，适应市场经济的发展。

第二节　管理目标有效

一、关于管理目标

（一）管理目标的含义

目标，即对活动预期效果的主观设想，即想要达成的效果或者标准。它具有一定的指向性，可以为组织活动指明方向。

管理目标是管理目的的具象化，即在一定的组织中，由管理人员制定和规划，希望组织未来一段时间内能达成的绩效和成果。

美国管理学家彼得·德鲁克在《管理实践》一书中首次提出目标管理的概念，即以目标的管理、目标的实施等手段指导人们的行为，通过员工的自我管理来实现组织任务，被称为"管理中的管理"。这可以理解为用目标作为一种手段，一方面强调完成目标，另一方面重视人的作用，对员工产生激励和引导作用。目标对于一个组织来说是十分重要的，没有目标的组织就像一艘轮船没有了航向。目标具有协调各要素运行的作用。目标一旦确定，所有活动都必须围绕目标而展开，若偏离目标，组织就会产生混乱。

教育管理目标是教育管理工作期望达成的成就或结果，可以是长期或短期的目标，也可以是集体或个人的目标。高校一般通过整体教育规划制定整体目标，再通过目标的层层分解，把分目标落实到个体身上。高校的教育管理目标是一切学生工作的出发点和落脚点。只有教师参与目标制定过程、广大学生对高校的整体目标有清晰的认识时，学校才能成为一个整体，才能有效地对整体目标和个体目标进行整合。

高校的管理目标具有指向性、可行性和社会性三个特点。在目标管理的过程中，设定的目标要有指向性，表明了在一定时间内，高校未来的发展方向、奋斗目标以及预想的前景。可行性即目标的设定要符合学校的发展要求和发展方向，适应学校自身的情况与实际需求，目标的实施有足够的资源与环境条件，还要满足本学段学生的心理特点或思想特点，使管理目标切实可行。社会性则指高校的目标一定要符合社会主义国家和市场经济的要求，符合社会发展的方向，紧跟国家的发展规划和目标，不做有害国家安全、有损社会发展的事情。

（二）高校设置管理目标的意义

（1）对高校教师有一定的激励作用，以便教师在规定的时间内完成相应的教学目标；对教育教学活动进行调控，使其按照计划进行；对教师的教学以及学生的学习有导向作用，为其教学、学习活动指明了方向。制订清晰的目标计划和激励措施可以调动教师的工作积极性，有效地提升其工作效率和质量，提升教学成果。

（2）对高校的运转具有导向性，为高校发展指明了方向。高校管理目标的确定，就是为了让高校能健康、快速发展。

（3）有助于建立完善的目标评估体系，对一定时期内的教育教学目标进行评估，完善各教学单位的工作考核指标和奖励考核指标，建立起科学的目标评估体系和奖惩指标体系，对高校资源配置和专业设置具有一定的指导作用。

（4）清晰而明确的教育管理目标，不论是对学生、教师来说，还是对管理人员、领导层来说，都能使其在一定程度上提升专业素质和能力，更加明确自己的专业发展方向，由此使得高校适应社会发展的能力得以提升，逐渐打破"学校围墙"，以适应市场经济的发展。

（三）高校的管理目标体系

高校的管理目标体系分为三部分，即目标制定、目标分解及目标考核。目标制定即由高校管理者制定高校管理目标，保持长期目标与短期目标之间的平衡，同时不断进行动态调整。目标分解由管理者召集各部门、各二级单位进行集中谈论和研究，将整体目标分解成各个子目标，下发到各部处。目标考核，即高校管理者应制定合理具体的评价标准并加以严格执行，督促学校各部门保质保量完成目标。

二、高校管理目标设置中存在的问题

高校的管理目标体系分为目标制定、目标分解和目标考核三部分。下面我们将从这三个部分出发分析高校管理目标设置中存在的问题。

（一）目标制定重数量而轻质量

高校中经常会出现这样的状况：政府与高校之间关系密切，高校发展依赖政府资源，独立性较弱。在制定预算的过程中，为了提高预算目标额度，一些高校增设了一系列不符合自身发展的目标，希望以此争取到更多的经费。实质上这种做法违背了学术规律，目标是与专业特长、教师与学生实际能力、高校内部所拥有的资源等息息相关的，不切实际的目标设置会导致拔苗助长。

（二）目标分解重个体而轻整体

导致目标分解重个体而轻整体的原因有以下几个。

（1）目标分解不甚科学。高校在确定整体规划之后，一般会将总体目标进行分解，再分配到各部门。但在这一过程中，有些高校依据传统的行政职能分工将工作和任务按部门分解成数个小目标或者子目标，很容易导致任务划分不明确，致使各部门的子目标无法支撑高校总体目标的实现。

（2）目标分解的过程不够民主。就像目标制定的过程一样，分解目标的过程也需要成员参与，不能搞"一言堂"，成员通过评估自身能力确定自己是否完成目标。但有些高校采取"自上而下"分解目标的方式，过程缺乏民主性，真正的实施者——教师和基层管理人员并没有参与目标分解过程，对目标的认同度低，工作起来积极性不高，有时甚至会产生抵触情绪。有些高校较为民主，发动员工共同制定目标，但各个部门闭门造车，并没有考虑自己部门制定的分目标是否能支撑起学校目标，每个部门、每个教学单位只顾着自己的"一亩三分地"，导致目标实施的进程缓慢。有些部门和教学单位为了完成绩效考核，制定容易完成的目标，忽视现实需求，对高校的发展不但没有产生推动作用，还会导致教育的功利化。

（三）目标考核重数字而轻结果

我国高校的目标管理大多采用量化考核方式，即目标考核体系大多由量化的数字指标组成，如论文发表、科研项目等的数量。这种量化的目标考核体系，倾向于对教师所取得成果的数量做出评价，缺乏对过程的形成性评价，也缺乏教师的自我评价。事实上，对于人文社科等学科，包括学生工作、党建工作等，不能用数字指标作为唯一的衡量尺度，数字并不能有效衡量高校内部文化软实力的发展。忽略了发展过程，完成目标也是没有意义的。

三、如何构建有效的教育管理目标

（一）结合高校自身的特点设置本位目标

第一，高校根据自身情况设置本位目标。不同的高校有不同的办学理念，不论是学术型高校，还是实践型高校，都应根据自身发展情况以及资源配置情况来设定自身的本位目标，并"把高校的办学理念转化为可操作的日常管理行为，把发展规划转化为具体的工作目标"①。

第二，形成系统的目标反馈体系。高校不仅要根据具体情况构建适应实际情况的科学的指标体系，还要对目标的完成情况多加关注，及时反馈目标完成情况，形成系统的目标反馈体系。从自身情况出发，注重对工作中实际成绩的考核，坚持各级各部门民主测评，坚持定性指标与定量指标相结合，奖惩分明，鼓励优秀。

（二）构建合理有效的目标分解体制

目标分解不仅要考虑个体完成情况，还要照顾到整体效益，使分解到各部门的目标能够支撑高校整体目标的实现。

第一，要建立民主参与和协商制度。在目标分解的过程中，要积极听取各方面的意见，集中各部各处的代表进行民主参与和协商，使得上级管

---

① 刘晖. 诊改背景下高职院校教学院（系）目标管理与考核机制探索［J］. 卫生职业教育，2020（8）：1–3.

理部门和下级部门就各种事宜达成一致，充分调动大家的工作积极性，以推动高校整体目标顺利完成。

第二，细化各项指标以明确各方的义务和权利。将目标进行细化是目标分解的先决条件，只有将目标落实到个人，使其明确自己的责任、知悉自己的权利，方能使得各方协作，整体工作有序开展。此外，上下级之间也可以签订目标责任书，用书面形式来明确各方的权利和义务，形成一个具体而系统的目标管理体系。

第三，建立目标分解的动态调整机制，在实施中对目标进行调整和完善。高校的目标管理体系会受到各种各样复杂因素的影响，目标完成过程中必定会碰到一些问题。目标具有指向性和前瞻性，应当在实践中不断进行调整、完善。因此，要建立一个目标分解的动态调整机制，对各部门的目标进行有机调整以达到动态平衡。

（三）评价机制与目标管理相结合，设定相应的考核指标

第一，在评价与考核过程中，不仅要对教学成果进行考核，也要对教学过程进行形成性评价，不定时对目标完成情况进行考查，对偏离的目标及时进行调整，避免只重结果而不重过程的形式主义和教育功利化现象的出现。

第二，在评价和考核过程中，应将定性指标与定量指标相结合，注重指标权重的合理分配。除此之外，灵活变动指标权重也是十分重要的。根据不同情况进行指标权重的更改，全方位、多角度地对教师和学生进行不同层次的考查。这时就需要将定性指标细化成多个考查维度，并注意对不可预测因素的考核评价。

第三，明确考核目的。"目前在大多数高校的目标考核实践中，存在着考评目的、考评理念不清晰的现象。在高校的管理实践中，若对目标完成的考核成为测评教师工作成绩的单一手段，必然会导致高校教师重量轻质，久而久之，功利主义和个人主义必然盛行，这是偏离高校发展目标

的。"①对目标进行考核，本质上是想通过对目标的完成情况的评估，促进下一阶段工作的开展。因而，考评的目的应该聚焦目标完成度、工作负荷情况等方面，对教师和学生发挥正向激励和导向作用，提高高校人员的整体素质，进而促进高校发展。

在考核过程中，要优化奖评机制。根据考核的结果，对优秀部门和员工进行奖励；对于没有完成目标的人，适当地给予警告。因此，奖评机制在运用过程中具有鲜明的导向作用。同时也应注意，对达到奖励的标准及奖励内容要进行规范，使其合理化、制度化。

第三节　管理范式转换

一、关于管理范式

（一）范式的含义

"范式"是美国科学哲学家托马斯·库恩在《科学革命的结构》中最早提出的。他认为范式是指"特定的科学共同体从事某一类科学活动所必须遵循的公认的'模式'，它包括共有的世界观、基本理论、范例、方法、手段、标准等与科学研究有关的所有东西"。"模式"，其实就是解决某一类问题的方法论。按既定的用法，范式就是一种公认的模型或模式。②根据托马斯·库恩的范式转换理论，在社会科学中，研究者不断提出问题又不断解决问题，当既有的概念、方法和理论不能解决新出现的问

---

① 唐静. 新时代我国高校科技人才评价体系探索 [J]. 人才资源开发，2020（11）：10-12.

② 陈丽，袁雯静，李爽. 范式转换视角下来华留学研究生教育对策研究 [J]. 学位与研究生教育，2018（9）：45-52.

题时，就必须进行概念、方法和理论的重新整合和创新。范式由一系列概念、假定以及结论组成，是研究者进行研究的理论基础。

近年来，随着高等教育的发展和变革，高校管理范式也发生了动态性变化，对高校不是进行管理，而是进行治理。高校治理的目的不是对组织进行管理和控制，而是创造一个良好的组织环境，让这个组织之中的成员能够相互协作、良性发展。在建立现代大学教育制度的当下，大学管理范式出现了由管理型向治理型的转变，旨在构建一个各利益群体多元参与、权力之间相互制衡的内部治理范式。

何为治理？治理即在管理的基础上相关利益群体进行讨论，民主交流，以相互协调的方式，在共同参与的前提下进行协商，制订各方都可接受的方案，确定对彼此都有利的目标，建构起人本治理模式。

（二）教育管理范式的基本功能

范式的基本功能是保障研究的规范性和持续性。教育管理范式结合了教育领域的有关理论和相关实践，不同时期和不同背景下的教育管理范式也会发生相应的变化。笔者认为，教育管理范式的功能主要有以下几个：一是为教育管理实践提供方法论指导。范式能够引领方向，能够明确研究设想和实践之间的关系，为实践提供先进的方法论。二是对教育管理范围进行界定。对于教育管理来说，管理范围界定得合理与否，对工作效率和结果会产生直接的影响，因此必须确保管理人员与其权责范围的一致性。三是促进管理方式和手段的完善。随着教育的不断发展，管理方式和管理手段必须不断完善，以适应时代的发展。落后的管理手段不仅是无效的，更是对现有资源的浪费。四是能够为教育管理及教育改革研究提供细节层面的支撑。范式是涵盖宏观层面和微观层面的综合性概念，能够为动态化研究提供更多的支撑。

对教育管理范式的研究有助于深刻全面地了解教育理论，有助于全面把握教育改革。随着时代的发展，我们需要新的教育管理范式来指导具体的教育理论建设和教育实践。

二、我国高等教育管理范式存在的问题

第一，教育管理范式没有进行及时变革。随着信息化建设和人工智能在教育领域的不断发展，高校的教育管理范式也应该及时进行转变。但现在某些高校依然沿用传统的教育管理范式和工作方法，跟不上技术发展的潮流，存在技术落后、浪费资源等情况。

第二，我国传统社会中存在的人情关系网络，在高校中也普遍存在。高校内部人情关系网络的存在，使得高校改革中的部门调整面临困难，有些部门和成员还会组成小团体，影响高校整体的决策。

第三，高校对要实现的目标没有清晰的认识，对范式转换自然也没有确切的答案。一些高校为了同其他高校竞争资源而设定一系列不切实际的目标，致使高校管理目标错位，决策混乱，开展了很多违背学术规律的教学和学术活动，导致拔苗助长和同质化现象严重，从而影响整个教育系统的管理范式。

第四，市场经济体制的不断发展，要求高校的教学与科研模式与社会发展需求相契合。校企合作、产学研结合是现代社会所关注的热点问题，也反映了现代社会的需求。人才不应只站在"象牙塔"内，与社会发展相结合才是最重要的。高等教育受自身特性的影响，其进行的相关市场化改革大多流于形式，阻滞了高等教育的良性发展。现阶段国内高等教育管理对市场化运作理念存在认知偏差，偏重政府的宏观计划调配，对与外界的合作没有给予足够重视。

三、转变高校教育管理范式，构建人本型治理模式

（一）调整政府与高校间的关系，明确权力界限，依法治校

首先，调整政府与高校间的关系。我国政府与高校在计划经济时代就

已形成一种互相依赖的关系。政府依赖高校开办高等教育，高校依赖政府提供资源和机会。政府和高校之间不仅仅是资源依赖关系，还有权力上的制约关系。高校依赖于政府提供的办学资源，政府则通过资源配置对高校拥有了一部分控制权。政府对高校的统筹、监管使高校在行政事务上更具政府属性。

为了从源头上调整政府与高校间的关系，国家应该制定一部专门的教育行政组织法。高等教育管理权限应从法律层面得到保障，促进高校内部管理的法制化，使教育行政管理有法可依，依法治校。

其次，加强对政府职能的外部监督。引入多元监督主体，使政府与高校之间的合作交流更加公开透明，借此规范政府职能。

最后，构建政府与高校间的有效沟通协商机制。要构建有效的沟通协商机制，第一，应改善高校外部治理结构，培育规范的第三方组织，建立高校、政府等各利益主体多元协同的治理格局，转变单一的管理模式。第二，各协商主体应该秉持平等交流、相互尊重的原则，遵循"提出问题—进行协商—达成可行性建议"的步骤，去除不必要的行政管理环节和多余的程序，经过协商达成共识。

（二）推动高校由事务管理向为学术服务转变，明确自身定位，建立现代大学教育制度

第一，高校应明确自身的定位，由事务管理向为学术服务转变。现代大学教育要立足地方经济状况，使学术发展与地方经济社会发展相融合，根据各地经济建设和现代化社会发展的需要，为培养高素质人才构建合理有效的教育管理范式。

第二，建立现代大学教育制度。要建立现代大学教育制度，就要有适合中国高等教育现状、传承现代大学精神的大学治理结构，推动高校由管理范式向治理范式转变。高校应创新治理的体制机制，以现代信息技术的发展助推高校治理体系和运行机制的完善，优化发展思路，从能力、条件、制度等方面规划高校的发展方向。同时，应集中资源发展优势学科、特长学科，并兼顾其他学科的发展。

（三）推动高校由权力型组织向责任型组织转变，由管理型范式向治理型范式转变

第一，改革权力结构，引入多元利益主体参与治理。高校的外部利益相关者是多元的。随着高校教育功能的多元化发展，高校也应对权力结构进行适度调整，政府不再是唯一的权力中心，治理主体可以扩展到高校自身，与高校有利益相关、得到社会认可的组织也可以成为权力主体。高校不再是一个由政府主导的权力型组织，而是一个对各利益相关者负责的责任型组织。高校的办学自主权扩大，社会其他组织加强对高校的外部监督，不同利益群体团结协作，建立民主参与机制，推动高校与社会共同发展。

第二，加强市场化运作，拓宽科研经费来源。高校应注重教育理论与教育实践的结合，注重产学研结合，加强校企合作，进一步放宽市场准入标准，拓宽科研经费来源渠道，科学高效地配置高校公共资源。

第三，加大高校的开放性，打破"学校围墙"。高校应加大自身的开放性，打破知识壁垒，与外界进行知识、资源和人才的交流。高校应立足地方，面向社会，了解当今社会发展的需求，培养适应社会发展的人才。高校的"开放"，就是开放思想观念、开放管理。不仅要加强高校与企业、高校与政府、高校与高校之间的合作，还要加强高校的国际合作，向世界开放，促使高校顺应时代潮流，良性发展，不断进步。

推动高校管理范式改革要从内、外两方面入手。外部改革主要是高校、政府和社会各利益群体之间的协调，体现在高校管理、投资等体制方面；内部改革主要是指高校内部各利益相关人员、各部处权力和资源的再分配。只有从内而外地进行变革，才能有力地推动高校内部管理范式的转变。

教育管理范式是从实践中总结出来的、与现实相契合的教育管理知识和规律。对范式的改造和调整应结合高校所处的环境，从实践中总结出来，再应用到实践中去。只有让教育管理范式应用到高校的管理实践之中，让实践适应范式，让范式融于实践，才会促进高校的良性发展，才能引领教育改革的方向。

第四节　教育管理手段多元化

一、概念界定

（一）教育管理手段

教育管理手段指的是在教育管理的过程中，在各种教育管理活动中采用的方式和方法。它包括教育管理者和被管理者在这个过程中为了维护自己的利益而采取的各种方式和方法。教育管理手段主要包括以下几种。

强制，是指政府教育管理机构及高校管理主体通过其主导性地位对被管理者——教职工、学生以及相关利益群体采取的强硬的、带有控制性的措施。强制手段表现在学生身上为留级、强制清退等；表现在教职工身上为辞退、停工检查、克扣工资等；表现在利益伙伴身上则为切断与其的合作关系、利益交流及资源互换等。

交换，是指双方在平等的基础上为利益互换而进行的交易。其体现在高校中表现为校企合作，各取所需，进行公共资源的合理调配。平等基础上的利益互换不仅能够促进公共资源的合理分配，还能有效调节高校内部的关系，扩大教育为社会带来的经济效益。

惩罚，广义上是指违背既定规则时接受的处罚，在高校范围内可理解为因违反校规校纪而进行的处罚，是抑制违规违纪的最好手段。惩罚包括物质手段与非物质手段，主要有学生、教职工、高校基层管理者等多个承受主体。惩罚需要一定的度，低于这个度，其惩罚的效能较低，甚至达不到应有的效果；但也不能超过这个度，否则容易引起被管理者的逆反心理，造成严重的后果。

激励，是指对被管理者的行为进行的肯定或奖励。激励可以激发人们的潜在能力，通常用于对一些良性行为的倡导、鼓励等方面。比如当高校教师和学生进行学术创新取得了成果时，通常可以通过激励手段对其进行表彰，以期望此类行为再次发生。激励也存在一定的度，达不到这个度，其激励的效能会大大降低，甚至达不到应有的效果。在管理学范畴内，"满意"与"没有不满意"相差甚多，因此要把握好激励的度。

沟通与说服。"沟通是指可理解的信息在两个或两个以上的人群中传递或交换的过程"[1]，主要用于传递文件、领会精神、上传下达等；说服即通过沟通的过程改变某人对某些事物或某些人的观念或态度，从而达成既定目的的过程。在高校中，这种方法应用非常普遍，大多用来调解教职工或学生之间的矛盾，是最温和的一种教育管理手段。

（二）多元化

多元化指由单一向多样发展，由统一向分散变化；是多样的，不是集中统一的。

综上所述，教育管理手段多元化指的就是使用多样化的手段进行教育管理。

二、研究生教育管理中存在的问题

（一）课程设置不合理

第一，与本科所学课程相重合。在研究生的课程设置中，很多课程出

---

① 翟琳. 中国商业银行构建内部营销体系研究 [D]. 长春：吉林大学，2008.

于专业学习的需要被设置，若学生在本科阶段已经学习过这一课程，研究生阶段再开设的话就是对时间和资源的浪费，也是本科学习与研究生学习衔接方面出了问题。

第二，不同类型学位所设课程雷同。在研究生课程设置方面，很多高校都出现了同样的问题，即理论课程与实践课程的设计缺乏系统规划。我国的研究生教育分为专业学位点和学术型学位点两类，分别有不同的培养目标和培养方案。我国的学术型学位发展较快，课程体系相对成熟，许多高校的专业学位便借鉴学术型学位的课程设置，致使实践课程缺乏，人才培养偏重理论性，应用性、实践性课程开设不足。

第三，各高校的学生培养标准泛化，没有严格的培养标准，或者仅仅停留在政策层面，因此无法基于一定的实践建构起完善的课程体系。

（二）双师型教师严重缺乏

在我国的科研体系中，双师型教师是严重缺乏的。双师型教师指的是既具备科研素质，又具备实践素质的教师。我国大多数高校教师科研能力较强，但实践经验缺乏。

（三）培养机制不健全

第一，一些高校没有形成完整的培养体系。比如，在理论课程学习之后没有安排相应的实习或实践课程。大多数高校的培养基地较少，学校不对实习单位进行统一安排，而是由研究生自己寻找合适的单位进行实习。在此过程中，研究生导师的指导和监督也是缺位的，研究生的实践能力和应用能力培养得不到保障。这样的培养体系是有断口的，就像本科教育未能与研究生教育有效衔接一样，研究生毕业之后也难很快与社会相衔接。

第二，研究生质量评价机制不健全。一些高校对研究生质量的评价方式单一，评价体系不科学，评价指标也不完善。比如，对研究生的评价标准是论文完成度和考试成绩，这样就无法判定研究生的综合素质和整体能力。

三、推动研究生教育管理手段多元化发展

新的时代有新的使命，推动研究生教育的内涵重构，要从高校内外部出发，构建多元化治理体系，推动高校整体治理水平快速发展。

（一）创新研究生教育管理制度

第一，要完善研究生培养制度，制订适合新时代社会发展需求的培养方案。首先，促进教学方式多样化。对研究生进行培养，要求教师能对教学进程进行控制，在此基础上通过多样化的教学方式，满足学生多样化的需求。现阶段，大多数高校的研究生教学方式比较笼统和规范，以课堂讲授为主。事实上，教师可以开展多种教学活动，采取多样化的方法来发展学生各方面的能力。例如，面对面小组讨论式教学，可增强学生的沟通与交流能力；辩论式教学，可增强学生的语言辩论能力；田野调查式教学，边走访边进行指导，不仅增加了学生的实践经验，还增强了学生的团队合作意识和与人交往的社会性能力。其次，进行课程体系的改革，优化课程设置，创新课程内容，凸显课程特色。在课程设置方面，学术型学位不应只设置理论性课程，还要根据需要设置一些专业性、实践性较强的课程；专业学位可以设置一些基础课程，不同学科知识交叉融合，拓宽知识广度。对于优势及特长学科，应增加其应用性，凸显专业特色。最后，确定研究生培养方案，完善研究生培养制度。研究生培养方案一定要符合国家和社会发展需求，只有需求互配，才能完善研究生培养制度，对研究生教育进行整体架构，实现建设与治理的双重意义。

第二，完善研究生教育监督制度，促使研究生教育管理趋向良性发展。首先，高校内部要建立起完善的问责制度。这种问责是在高校内部开展的，由教师、学生、管理人员及其利益相关人员共同参与。事实

上，这是一个高校内部人人都要参与的自评与他评的过程，旨在对高校内部情况有清晰的认识，本质是高校内各群体之间的相互监督、相互牵制。其次，要建立信息公开透明机制。越来越多的利益相关群体参与高校治理，要求高校建立信息公开透明机制，以便接受各方面的监督。最后，要完善研究生教育管理的外部监督制度。完善外部监督制度，即召集外部多元全体，包括社会组织、第三方评估组织、新闻媒体等对高校的研究生教育进行监督。

（二）建立科学合理的研究生考核评价体系，加强对学科的评估，推动学位授权点建设，推动研究生教育高质量发展

第一，建立科学合理的研究生考核评价体系。首先，要确定多元化评价指标。对于研究生的评价指标，不能只考虑课程成绩和论文，而要结合专业特色，制定能够测评专业能力的技术指标。其次，评价指标要进行标准化改革，清晰明确，为研究生考核提供真实可靠的数据支撑。最后，引入多元评价主体，完善校内自评。

第二，推动学位授权点建设，严查学术不端现象。首先，要完善学位授予类校规建设。学位授予类校规的制定要遵守国家的法律要求，不仅不能违背国家在这一方面的规定，也不能钻法律的漏洞，为了提升本校的毕业率而做出模糊学位授予标准、偏袒本校学生、降低学位授予标准等突破道德和法律底线的事情。其次，要构建学位授权点评估指标体系，对学位的授予要求做出明确规定。学位授予的指标体系应该具有科学性、客观性和公平公正性。最后，要严查学术不端现象，坚决不允许剽窃别人学术成果、败坏学术风气等情况出现。

（三）多方面建设高水平的导师队伍，重视硬件建设

第一，加强研究生导师队伍建设。首先，健全导师遴选制度，对导师的资格和资质进行审核，做到评聘分离，健全遴选原则和程序。对导师的审核应设定清晰明确的指标。聘用之后，要对导师的日常工作进行监督。在此过程中，学生应成为最重要的评价主体。导师自评、教师之间的互评以及其他工作人员的评价也应予以重视，以促进导师的发展。其次，要加强对研究生导师的培训，实行双导师制。能够成为研究生导师的教师在科研方面一般有较高的造诣，但其在教学、管理学生方面可能并不擅长，因此要对其进行相关培训。有些导师可能偏重学术研究，为了保证研究生教育质量，可通过双导师制对学生的专业学习进行指导，保证培养质量。最后，加强导师团队的建设。学术研究大多是通过团队来开展的，因此必须加强导师团队的建设。学术团队建设不应拘泥于传统形式，只要有利于学术研究和导师、学生的个人发展，各种形式都可以进行尝试。

第二，重视硬件建设，以新兴技术促进教育管理手段的多元化发展。首先，要利用新兴技术，推动高校间共建、共享、共同发展。利用大数据手段，建立起国家层面的数据库，对各高校的各类信息资源进行汇总，建立高校间的信息资源共建共享体制。其次，积极推进电子校务发展。电子校务就是用信息化技术帮助高校进行管理。电子校务可以有效提升高校的管理效率和高校管理事务的透明度，便于各方面对高校进行监督。另外，电子校务的发展也有利于资源共享，能突破传统管理方式的壁垒，推动研究生教育管理手段多元化发展。利用电子校务可以构建全校范围内的学习社区，以便不同学科的师生进行学习交流。电子校务还可以节约办公成本，将资源运用到更需要的方面。

研究生教育的内涵式发展是新时期对高等教育提出的全新要求，它不仅强调研究生教育的发展，还强调研究生教育质量和社会效益的提升。研究生教育的发展不仅能为社会带来经济效益，还决定了我国在国际学术界的位置。新时期，我国高校应从管理理念、管理目标、管理范式、管理手段等方面出发，秉持以学生为本的理念，建立起清晰明确、适应高校自身情况的教育管理目标体系，改革传统的管理范式，以提升质量为主，运用民主合作的方式、多元化的管理手段对我国的研究生教育进行管理，推动研究生教育转型，以实现高质量跨越式发展。

第三章　研究生教育管理体制分析

第一节　研究生教育组织分析

一、高校管理体制

研究生教育的目标是培养专业的高层次人才。研究生教育在整个高等教育体系里位居顶层，包括硕士研究生教育和博士研究生教育。

我国从1984年开始试办研究生院，不仅为国家培养了大批优秀人才，也为我国进一步发展研究生教育积累了经验。大部分建有研究生院的国内高校在研究生教育管理方面采用学校、学院、学科并行的三级管理体制。

（一）三级管理体制的组织机构

1984年，教育部在《关于在北京大学等二十二所高等院校试办研究院的通知》《关于在部分全国重点高等院校试办研究生院的几点意见》等文件中规定，研究生院设一名院长，由等同于副校长级别的专家担任，负责研究生教育的全部工作；另设副院长多名，分管研究生工作；研究生院可以根据招生、培养方案、学位管理、思想政治教育等各项工作的需要，本着精益求精的原则设立必需机构；系（所）是管理研究生的基础单位，也应建立相应的管理机构，研究生招生培养规模大的可配备专门的管理人员；研究生的后勤工作由学校统一管理，不必另设机构。国内研究生院一般采用上述模式，即院长职位一般由副校长担任，副院长负责研究生院的其他工作，根据招生、培养、管理、学位等工作需要设立职能部门；在基层二级学院中设立研究生办公室，负责研究生的日常管理事务。

（二）三级管理体制的运行机制

随着研究生教育规模越来越大，为了加强研究生教育管理，提升研究生培养质量，大部分设研究生院的高校，在秉承研究生院独立自我管理的前提下，按照学校、二级学院、学科三级管理体制运行。研究生院是学校的综合管理机构，通过此管理体制可将权力下放到进行研究生培养的各二级学院和学科，使研究生院从琐碎复杂的日常管理事务中解放出来，把关注点和重心放到研究生教育规划和制度建设中去。不仅如此，还可以鼓励二级学院和学科发挥主动性、积极性和创造性，与研究生院建立密切的联系，发挥各自的作用。

在三级管理体制中，作为学校一级管理机构的研究生院，主要对研究生教育实施宏观管理。研究生院的主要任务是，执行国家关于研究生教育的有关方针政策，做好研究生教育规划的制订和实施工作，对研究生教育过程、质量进行监控和评估，等等。各二级学院研究生教育相关工作人员在院长的领导下完成研究生院下发的规划和任务，做好研究生招生、管理、培养以及导师管理等工作。

二、高校研究生教育组织分析

按照一定的目标建立，由特定的部门、人员、职权和制度组成的系统称为组织。不同的组织设定的目标不同，组织的特点、类型、结构、文化也不同，但它们有类似的构成方法，即大多按照组织的基本目标，设立机构部门，安排相关人员，制定制度，根据目标和特点选择最适宜的组织类型。

（一）组织结构特征

研究生教育的主要实施组织是高校。高校的组织机构虽建立在科层制基础上，但它带有较强的专业性和松散性。有研究者认为，高等学校的结构带有松散性特征，教育自身就是处在一个"有组织无政府"的大环境中。[①] 高校研究生教育组织有较强的专业性，所以更加松散和自由。其特点如下。

（1）组织带有松散性。为了确保目标的实现和组织的高效率运转，研究生教育组织要按照科层制组织原则设立各种职能部门。这些部门各司其职，分工合作。但是与企业、政府等组织相比，高校研究生教育组织的科层制表现不如前两者明显，具有明显的自由性和松散性。

（2）科研人员自主权较大。科研活动具有专业性、高深性、复杂性的特点，所以科研人员在研究过程中独立自主性较高。研究生教育的基本目标是培养专业的高层次人才，而科学研究是完成这一目标的重要途径。只有保证学术科研的自由性，扩大导师、学生的科研自主权，使学术之风盛行，才能提高研究生培养的质量，提高研究生的创新能力。

（3）封闭性与开放性辩证统一。研究生教育管理组织具有组织的一般属性，即设立组织机构，具有组织目标，组织活动，是封闭的。按照组织目标的要求，各个机构合理分工，职责清晰，按照规章制度有序运行，以达到组织预想的目标。这种封闭性给研究生教育活动提供了稳定的环境，保证了各项活动的顺利开展。但这种封闭性是相对的。任何组织都处在社会大环境中，要与外界交流与联系，才能获得组织发展的资源。这种开放性可以让高校及时了解其他高校的发展动态，及时调整、完善自身的教育理念和目标，加强制度建设；可以让高校通过跟政府、企业的合作交流获取新信息和新资源。封闭性与开放性是辩证统一的，关键是组织要把握好两者之间的度，处理好革新和保守、传统与创新之间的关系，在稳定的环境中谋求发展和进步。

[①] 吴志宏，等. 新编教育管理学［M］. 上海：华东师范大学出版社，2000：100.

（二）组织结构类型

高校研究生教育组织因自身以及所处环境（表现为不同高校的研究生教育情况不同）的影响，结构类型越来越多样。大体来说，主要有以下几种类型。

（1）直线型。直线型是最常见也是最早出现的一种组织结构类型，在各个组织中广泛出现。在这种类型中，组织中的各职能部门按照职位的高低，自上而下呈直线排列。组织中各个部门之间存在明显的上下级关系，上级部门指挥下级部门，下级部门服从并服务于上级部门；组织中的成员间也有明确的上下级关系。

在这种类型的研究生教育组织中，最高领导的职责是统一指挥和管理，下级人员服从领导安排。

（2）职能型。职能型就是通过分解组织结构，把组织分成各个工作部门，根据每个部门的职能安排工作任务。职能型结构要求组织成员明晰自己的任务，各职能部门明确各自的职能。各个职能部门的领导有权指挥下属，这一方面与直线型组织类似。所以，在这种类型的组织中，下级部门常常会受到多个上级部门的共同指挥，造成多头指挥的局面，使下级部门无法明确自己的工作任务，出现问题时找不到负责人。职能型组织的优点是各个部门的分工很细，能够适应大规模组织工作的需要。

（3）直线职能型。直线职能型是将直线型和职能型结合的一种组织结构。它既有直线型组织结构的特点，也有职能型组织结构的特点。纵向上，其与直线型组织结构相似，最高领导拥有决策权，发号施令，上级部门指挥下级部门，下级部门服从并服务于上级部门；横向上，与职能型组织结构类似，按照职能划分部门，各个部门中都有一个领导，其执行任务时有权指挥下属。

（三）研究生教育组织结构的特点

研究生教育组织结构通常具有多元化和多样性特征，几乎没有单一的组织结构，这是由高校研究生教育组织的特点决定的。尽管每种组织类型都有其特点，但高校必须要按照自身的实际情况，合理地选择组织结构。通常来说，大多数高校采用直线职能型组织结构，有的高校在直线职能型组织结构的基础上结合运用其他组织结构，如矩阵组织结构，这也是一种创新和挑战。

第二节　研究生院制度分析

在我国，最重要的研究生教育组织之一就是研究生院。研究生院不仅是教学机构，也是管理机构。新中国成立后，北京大学等高校被国务院批准首批试办研究生院，从此研究生院成为国内最权威的研究生培养基地和平台。简单地说，研究生院管理模式就是将研究生教育和本科教育区分开来，研究生院独立成为一个集教学与管理于一体的综合机构，独立培养研究生，独立管理研究生。

我国研究生院从诞生到形成体制过程中国家出台了一系列法律法规文件。1984年，经国务院批准，教育部公布了《关于在北京大学等二十二所高等院校试办研究生院的通知》及《关于在部分全国重点高等院校试办研究生院的请示报告》和《关于在部分全国重点高等院校试办研究生院的几点意见》。这些文件规定了创建研究生院的条件，对教师团队、学科、专业、管理等方面提出了要求，也对研究生院的性质、职责、组织结构等进行了规定。

1995年10月，国家教委制定并下发了《研究生院设置暂行规定》。此文件对研究生院设立的条件和程序、履行的职责以及组织结构都进行了明确规定，并且开始评估普通高等院校是否符合设立研究生院的条件。

一、研究生院制度分析

我国研究生教育管理的整体性和完整性以研究生院制度为基础，运行通畅和高效的组织管理机构，符合我国高层次人才培养的要求，与我国研究生教育发展的管理需求相适应。

（一）研究生院性质分析

研究生院作为一种管理研究生的行政机构，在学校的统一领导下具有相对独立性。其对内承担研究生教育和管理的工作，对外代表了一所高校的研究生培养水平。研究生院作为国内高层次人才培养的主要基地和平台，体现了高校的教学规模和科研实力。研究生院也是一种院系建制，代表着国家和高校对研究生的教育管理。

研究生院拥有较多的办学自主权。1984年，教育部颁发的《关于在部分全国高等重点院校试办研究生院的几点意见》指出，研究生院由校长领导，对研究生教学和研究生事务管理进行统一领导，具有相对独立性。研究生院作为研究生教育行政机构，应该有单独的人员编制和经费。也有相关文件表明，成立研究生院后，院长有权召集与研究生工作有关的处长、院长、系主任、学科带头人等商议工作，因此研究生院也具有跨部门、跨职能的综合性。

（二）研究生院职能权力分析

相关法律法规赋予了研究生院职能权力——对于研究生教育的相关工作具有独立自主权。1995年，国家教委颁布《研究生院设置暂行规定》，规定研究生院拥有制订研究生教育规划、进行研究生教育改革的决策权；评估、监督研究生教育和授予研究生学位的权力；对导师团队进行考核，有单独的人员编制和经费使用的权力；制定研究生院管理的规章制度，对研究生进行日常管理的权力；召集学校有关部门领导进行商议和决策的权力。

实际运行中，研究生院的权力更多地表现为在高校内部制定研究生教育制度、监测和指导研究生教育等方面，研究生院的管理带有宏观性，需要与其他部门和基层培养单位进行协商。这种协商性，在带有浓厚行政特色的高校中，导致研究生院领导的等级和地位对其权力行使有着很大影响。

（三）研究生院特点分析

我国研究生院的设立是一种自上而下的行为，即政府批准、扶持一些高水平大学设立研究生院；高校遵循国家的规章制度，接受政府财政拨款，服从其领导，对其负责。研究生院的基本特点如下。

1. 浓厚的行政特色

研究生院的设立受政府影响较大。研究生院作为一种组织管理机构，带有浓厚的行政色彩，它的组织结构和运行机制也受政府影响。

2. 形式单一，模式相似

研究生院形式单一、模式相似的特征是由行为制度化导致的。在设立研究生院时，其性质、职能、部门、设立条件是以政府制定的规章制度为基础，所以，公立高校设立的研究生院很多是雷同的，缺少特色。

3. 受社会影响较小，缺乏服务意识和竞争意识

由于研究生院的设立受政府影响较大，享受国家的财政拨款，加之有充足的优秀生源，导致我国一些高校的研究生院处于"养尊处优"的状态，缺乏服务意识和竞争意识。

研究生院在运作和发展中需要注意以下问题。

第一，明确与处理好集权与分权的关系。研究生院是高等学校中的一种研究生教育管理组织机构，代表国家和学校管理研究生教育。在宏观方面，它是一个统揽全局的管理机构；在微观方面，各高校研究生院对研究生的教育培养及管理主要依靠各二级学院，所以在管理运作中，必须处理好研究生院和各二级学院的关系，分清各自的职责和权利。在划分权利和

责任时，要保证系统运作的合理性和整体性，但不可以打击其他管理主体的积极性和主动性，应统筹兼顾，使研究生院更好地运作。

第二，处理好行政权力和学术权力的关系。研究生院带有浓厚的政府特色。研究生院负责导师的遴选、各项规章制度的制定、研究生的日常教育，掌握一定的财权和资源，权力相对集中。关于研究生教育的几乎所有重大决策权都集中在研究生院，包括研究生招生、培养、申请学位和日常的思想教育等方面。

二级学院中的研究生管理机构相对于研究生院来说，部门以及导师的权力较小，一些德高望重的名导师往往身兼行政职位，很难从琐碎的行政事务中脱离出来，导致无法专心指导学生。更有甚者，导师的科研活动也受到行政权力的限制。可以说，在一定程度上，学术权力在研究生教育中发挥作用的空间还很小。研究生院如何让学术权力发挥关键作用是一个亟待解决的重要问题。

二、研究生院组织结构优化

研究生院制度在不同类型的高校中表现方式不同，本书从组织结构的角度来论述如何对研究生院制度进行优化。

（一）研究生院组织结构优化的目标

研究生院组织结构优化的目标是使研究生院的组织结构越来越符合研究生教育的发展需求，具体包括保证研究生院在高校中的主体性和独立性、处理好研究生院与基层学院之间的关系以及兼顾不同的研究生培养目标。

1. 保证研究生院在高校中的主体性和独立性

改革开放以后，我国不断重视高等教育的发展，研究生教育也发展迅速，规模不断扩大。我国高等教育的整体格局因研究生教育的迅猛发展而得到改变，高等教育的内容也不断丰富。因此，基于研究生教育的重要作用，必须处理好研究生教育和本科教育的关系。随着改革开放的逐渐深入，我国经济发展迅猛，并且随着知识经济时代的到来，我国社会对高层次人才的需求也不断提升。恰好研究生教育的主要作用是为国家培育高层次人才，满足社会的要求，所以我国有必要重新定位研究生教育的地位和作用，把关注点放到研究生教育上来，促使研究生教育成为一个独立于本科教育的系统，并逐渐成为高校的教育主体。

2. 处理好研究生院与基层学院之间的关系

社会是一个大系统，复杂的大系统又包含很多子系统，研究生院也不例外。因此，优化研究生教育组织结构最重要的就是使各个小系统和谐运行。想要处理好研究生院的内部关系，最主要的是要梳理好研究生院和基层学院之间的联系，协调处理好行政权力和学术权力之间的关系。

研究生教育组织符合"松散的结合系统"的特征。根据"松散的结合系统"理论，各高校研究生院对研究生的教育、培养及管理依靠各二级学院的共同配合和努力。所以在管理运作中，必须处理好研究生院和各二级学院的关系，明确各自的职责和权力，且应赋予二级学院较强的独立自主权。比如，关于研究生教育以及日常管理的事务可以交给各个基层单位，此做法既可以保证研究生培养成果的高质量和科学性，还可以提高基层单位的积极性和创造性。

3. 兼顾不同的研究生培养目标

研究生院可以创造性地构建一种既适合培养学术型人才，又适合培养实践专业型人才，更适合培养实践与学术并重的"通才"的教育组织结构。这种教育组织结构可以满足研究生培养目标多样的要求，推动我国的科研能力不断提高。《关于制定国民经济和社会发展第十一个五年规划建议的说明》中提到，必须坚持教育优先发展战略，我国是拥有最多人口的国家，面临着巨大的人口压力，实施教育优先发展，才能把人口压力变成人力资源和人力资本。随着社会进步和发展，社会对高层次的全面人才需求越来越大，加快教育体制改革，推进素质教育，在全社会形成一种全民学习的良好环境。政府对义务教育继续普及和巩固，政府要发挥宏观调控作用。大力发展职业教育，扩大职业教育招生规模。提高高等教育质量，推进高水平大学和重点学科建设，增强高校学生的创新和实践能力。研究生教育组织结构的改革顺应了这一政策目标，可以更好地激发高校在科学研究以及构建国家创新体系中的作用。

（二）研究生院组织结构优化的原则

1. 研究生院组织结构的优化要符合高校的发展要求

改革研究生院的组织结构需要考虑高校的整体发展，必须在促进高校发展的基础上进行改革和优化，使研究生院的组织结构更加契合研究生教育的发展，推动研究生教育的组织和管理更加有效。研究生教育在提高高校学术地位和促进高校学科建设方面有很大的作用，其可以促进各个学科之间的交流，进而为培养多样化的高级人才提供高水平的平台。

2. 正确对待研究生教育和本科教育之间的关系

协调和处理本科教育与研究生教育之间的关系是研究生院组织结构优化的重要内容。就目前高校的研究生录取制度来说，硕士研究生采用推免制度和保送制度，博士研究生采用申请制度，优质的本科教育可以为研究生教育提供生源。另一方面，研究生院在与兄弟院校的交流与合作中，可以吸收和借鉴其优秀的教育理念与经验，创新教育方法，提高创新能力，而且这些理念和经验也可逐渐推广到本科教育中。但是，研究生教育和本科教育并不处在同一层面上，研究生教育是本科教育结束后的再教育，二者在同一所高校中适用的规章制度、财权分配等必然存在不同，因此应处理好二者之间的关系。

3. 必须符合研究生教育的客观规律和特点

潘懋元所提到的教育内外部关系规律表明，教育无法脱离社会发展，而要适应社会的发展，促进人类的进步。[①]这是高等教育的普遍规律，研究生教育也适用于这条规律。薛天祥认为，研究生教育与社会发展相适应并促进其发展、研究生教育与学科发展相适应并对其起促进作用、研究生教育与研究生全面素质教育相适应并促进其发展。[②]不同层次、不同地域、不同类型的研究生教育是不同的，所以不存在千篇一律的模式，这就要求国家和高校在决策制定与执行过程中充分考虑以上特点，"因校制宜"。

4. 必须适配研究生培养目标

我国培养高层次人才的重大任务主要由高校的研究生教育承载，所以高校应顺应改革和发展的潮流，针对社会需求，主动调整研究生培养目标。另一方面，各个高校的教学风格和教学水平有很大差别，因此，各高校在调整研究生教育目标时，不仅要考虑社会对高层次人才的需求，更重要的是要符合本校的实际情况，充分发挥自身的优势，才能使决策更有效，以培育更高质量的学生。

（三）研究生院组织结构优化的思路

1. 政府要转变管理方式

在研究生院调整和优化组织结构的过程中，政府要积极引导。在这一调整过程中，政府应发挥宏观调控作用，转变管理方式，适度放权，给予高校更多的专业自主权。

（1）政府通过宏观调控、制定法律法规指导各高校研究生院优化组

---

① 潘懋元.新编高等教育学［M］.北京：北京师范大学出版社，1996：12–13.
② 薛天祥.研究生教育学［M］.桂林：广西师范大学出版社，2001：93.

织结构。我国高校的研究生教育因地区、文化的差异，办学和教育水平方面也有着很大差异。研究生院在调整和优化组织结构的过程中，如果政府对细节进行干预，一方面，因时间和资源的限制政府无法精准把控各个高校的改革，会影响研究生院组织结构优化的进程；另一方面，研究生院在调整和优化组织结构的过程中，可能会因政府的介入而失去自身的办学特色。政府进行宏观调控，大大提高了高校的自主性，使各高校有了较大的发挥空间，高校可以制定能促进自身发展的制度，根据办学特色调整研究生院的组织结构。

（2）引入问责制。问责制是20世纪从英、美等国高校引入的一种责任制度，与高校的权力以及权力的行使共生。高校引入问责制，不仅体现了其办好教育的决心，更能有效监督和控制权力运行。与本科教育相比，研究生院更强调自主性，更强调自治，所以，应该遵循研究生教育规律，给予研究生教育自主权。授权并不意味着放权，国家和学校需要对其运行过程进行监控。优化组织结构的过程中，问责制不仅可以促使高校积极优化和改革研究生院组织结构，为高校自主性的发挥提供空间和保障，而且可以更有效地对高校的行为进行监督，防止权力滥用。

2. 发挥高校的能动性

宽松的环境有利于高校积极作为，发挥自主性。高校在根据研究生教育的特点进行组织结构调整、构建符合本校特色的研究生院时应注意以下事项。

（1）从核心要素入手，确保研究生教育在大学教育中的主体地位。我国不同高校的办学水平和权力运行机制各不相同，在研究生院组织结构调整过程中绝对不能生搬硬套，必须根据每个大学的实际情况，按照合适的方案进行。高校不管运用什么方法来调整、改革研究生教育，必须从研究生教育组织结构这一核心要素入手。

（2）基层组织形式多样化，实现研究生培养目标多样化。探索多样化的组织结构形式是我国建设和完善研究生院组织结构的任务之一，组织形式的多样化可以带动研究生教育目标多样化的实现。大体有两种思路：第一，挖掘各个高校的校内资源，整合、优化校内资源；第二，充分利用高校外部资源，多与企业、政府以及其他院校合作，以获取信息和资源。

（3）消除改革中的负面情绪，推进优化工作顺利进行。改革或许会给某些利益集团带来损失，但是改革意味着新一轮的利益分配，蕴含着新的机会。所以，决策者必须重视解释说明工作，循序渐进地推动改革。

（4）废旧立新并举。研究生院制度优化并非意味着将以前的方案全部革除，重新建立新制度。这种做法对于组织中的成员要求较高，工作量和压力很大，会造成大量的人力、物力的浪费，并影响优化的进度。在优化的过程中，应该保留以前好的制度和做法，对不足之处进行调整和改变，选择最适合高校发展的道路。

（5）积极寻求社会各界的支持。研究生教育为高等教育的最高层次，为社会培养了大量高层次人才，社会各界对其较为关注。高校可以适时公开相关信息，让社会各界及时了解高校的动态。另外，可以多与兄弟院校进行合作，吸收其他院校的优秀经验，以保证改革的顺利进行。

第三节　研究生教育管理体制分析

一、研究生教育管理体制现状

我国公立高校设立的研究生院形式大体相同，所以从本质上来说，各高校研究生院的管理体制基本相同：设一名院长，由副校长级别的专家担任，统管研究生院的全部工作；另设几名副院长，分管研究生工作；研究生院可以根据招生、培养、学位管理、思想政治教育等各项工作的需要，本着精益求精的原则设立必需机构。系（所）是培养、管理研究生的基础单位，也应建立相应的研究生管理机构，研究生招生培养规模大的系（所）可配备专门的管理人员。研究生后勤工作由学校统一管理，不必另设机构。总体来说，我国公立高校研究生院普遍采用院长负责、集体参与的管理体制，院长向学校负责。

各二级学院的研究生管理模式与研究生院的管理模式相似，由二级学院的院长领导和决策，另外设立一名副院长全面负责学院研究生的管理工作，根据学校的总体规划来进行二级学院的制度和工作安排。二级学院受学校研究生院的集中领导，并向学校负责。

某些研究生教育规模较小的高校的研究生机构相当于教务处等部门，由专门人员负责研究生教育，而各基层培养单位一般没有研究生教育管理部门，由学校统一管理。

二、改进建议

总体来说，我国公立高校研究生教育的管理体制为：研究生院院长全面负责研究生教育管理工作，管理效率高，并带有民主色彩，但是这种管理体制有可能因研究生院院长没有深入了解各部门具体情况而造成决策失误或导致权力集中在少数人手中。通过分析，我们提出以下改进建议。

（一）领导全面负责与集体决策相协调

集体决策可以增加决策的科学性、民主性，还可调动全体人员的积极性、主动性和创造性，使其拥有群体归属感。如果需要进行重大决策，研究生院院长必须召集相关人员进行民主商议和决策，最后形成的决定可由院长拍板决定，并全面负责推进决策的落实。各个部门应严格执行决策，并进行民主监督。

（二）适当放权，发挥研究生院和基层培养单位的作用

高校管理层应发挥统揽全局的宏观领导作用，适当下放权力，将相关的研究生培养管理事务交由研究生院和基层培养单位负责。一来可使学校管理层从琐碎的管理事务中脱离出来，提高工作效率；二来可以充分发扬民主，调动研究生院和基层培养单位的积极性。

第四章　研究生招生入学管理

研究生教育是我国高等教育的最高层次，其发展变革深受社会各界的广泛关注。2013年，教育部、国家发展改革委、财政部联合发布《深化研究生教育改革的意见》，明确指出，要深化招生计划管理改革，建立健全科学公正的招生选拔机制，为研究生教育的改革提供了法律依据。作为研究生教育改革的重中之重，如何科学公正地选拔人才一直处于不断地探索之中。招生，作为研究生教育的入口，是保证和提高研究生教育质量的关键环节。

第一节　研究生入学要求与申请程序

一、研究生入学要求

研究生招生条件是招考单位做出的关于招生资格的规制表达，也就是研究生的入学要求，而从考生这一角度来说就是报考条件。无论是招考单位的招生条件、入学要求，还是考生的报考条件，都是以一种确定性的形式表明研究生应具备的资格。其实，研究生入学要求这一称谓更符合其是研究生教育管理的组成部分的属性。研究生入学要求是研究生教育的"门槛"，也是研究生教育质量的第一层保障。①

---

① 周佑勇. 论高校自主设置研究生招生条件的正当性及其限制［J］. 苏州大学学报（哲学社会科学版），2018（3）：41-51，40.

我国研究生入学要求在形态上体现为集中与分散两种形式。集中体现于教育部每年度发布的《全国硕士研究生招生工作管理规定》和2014年颁布的《招收攻读博士学位研究生工作管理办法》中有关研究生的招生条件。分散体现于各高校发布的年度研究生招生简章，各高等学校在教育部的研究生招生工作规定的基础上结合自己学校的办学定位、研究生培养目标制定年度研究生招生简章。

（一）硕士研究生的入学要求

根据教育部每年发布的硕士研究生招生工作管理规定，可以看出全国性的研究生入学要求及特点。下面就以《2021年全国硕士研究生招生工作管理规定》为范本，研究国家对硕士研究生的入学要求，其中第十五条、第十六条、第十七条、第十八条的内容涉及不同类型学生的报名条件与注意事项。

报名参加全国硕士研究生招生考试的人员，须符合下列条件：中华人民共和国公民；拥护中国共产党的领导，品德良好，遵纪守法；身体健康状况符合国家和招生单位规定的体检要求。此外，关于考生学业水平的要求是最复杂且详细的：首先，针对国家承认学历的应届本科毕业生（含普通高校、成人高校、普通高校举办的成人高等学历教育等应届本科毕业生）及自学考试和网络教育届时可毕业本科生，录取当年考生入学前（具体期限由招生单位规定）必须取得国家承认的本科毕业证书或教育部留学服务中心出具的《国（境）外学历学位认证书》，否则录取资格无效。其次，具有国家承认的大学本科毕业学历。再次，获得国家承认的高职高专毕业学历后满2年（从毕业后到录取当年入学之日，下同）或2年以上的人员，以及国家承认学历的本科结业生，符合招生单位根据本单位的培养目标对考生提出的具体学业要求的，按本科毕业同等学力身份报考。另外，在校研究生报考须在报名前征得所在培养单位同意。

自我国研究生教育专业学位设置以来，专业学位发展规模与速度可观。并且，国务院学位委员会、教育部印发的《专业学位研究生教育发展方案（2020—2025）》以国家重大战略、关键领域和社会重大需求为重点，进一步创新专业学位研究生培养模式。根据《2021年全国硕士研究生招生工作管理规定》的要求，报名参加专业学位全国硕士研究生招生考试的考生按以下规定执行。

报名参加法律（非法学）专业学位硕士研究生招生考试的人员，须符合下列条件：①符合第十五条中的各项要求。②报考前所学专业为非法学专业（普通高等学校本科专业目录法学门类中的法学类专业［代码为0301］毕业生、专科层次法学类毕业生和自学考试形式的法学类毕业生等不得报考）。

报名参加法律（法学）专业学位硕士研究生招生考试的人员，须符合下列条件：①符合第十五条中的各项要求。②报考前所学专业为法学专业（仅普通高等学校本科专业目录法学门类中的法学类专业［代码为0301］毕业生、专科层次法学类毕业生和自学考试形式的法学类毕业生等可以报考）。

报名参加工商管理、公共管理、工程管理硕士中的工程管理［代码为125601］和项目管理［代码为125602］、旅游管理、教育硕士中的教育管理、体育硕士中的竞赛组织专业学位硕士研究生招生考试的人员，须符合下列条件：①符合报考条件中关于国籍、政治条件、身体条件等各项要求。②大学本科毕业后有3年以上工作经验的人员；或获得国家承认的高职高专毕业学历或大学本科结业后，符合招生单位相关学业要求，达到大学本科毕业同等学力并有5年以上工作经验的人员；或获得硕士学位或博士学位后有2年以上工作经验的人员。

工商管理硕士专业学位研究生相关考试招生政策同时按照《教育部关于进一步规范工商管理硕士专业学位研究生教育的意见》（教研〔2016〕2号）有关规定执行。

关于报名参加单独考试的人员，须符合下列条件：①符合报考条件中关于国籍、政治条件、身体条件等各项要求。②取得国家承认的大学本科学历后连续工作 4 年以上，业务优秀，已经发表过研究论文（技术报告）或者已经成为业务骨干，经考生所在单位同意和2名具有高级专业技术职称的专家推荐，定向就业本单位的在职人员；或获硕士学位或博士学位后工作2年以上，业务优秀，经考生所在单位同意和2名具有高级专业技术职称的专家推荐，定向就业本单位的在职人员。

（二）博士研究生的入学要求

教育部每年发布关于当年招收攻读博士学位研究生工作的通知，公布入学要求。截至今日，博士研究生招生工作有关具体要求仍按《2014年招收攻读博士学位研究生工作管理办法》中的相关规定执行。

首先，以普通招考方式报考博士研究生的基本条件是：①拥护中国共产党的领导，具有正确的政治方向，热爱祖国，愿意为社会主义现代化建设服务，遵纪守法，品行端正。②硕士研究生毕业或已获硕士学位的人员；应届硕士毕业生（最迟须在入学前毕业或取得硕士学位）；获得学士学位6年以上（含6年，从获得学士学位之日算起到博士研究生入学之日）并达到与硕士毕业生同等学力的人员。③身体和心理健康状况符合招生单位规定。④有至少2名所报考学科专业领域内的教授（或相当专业技术职称的专家）的书面推荐意见。⑤以同等学力身份报考的人员，还须达到招生单位对考生提出的具体业务要求。⑥现役军人报考博士研究生及军队招生单位招收军人博士研究生的要求及办法，由军队相关部门按有关规定办理。

报考专业学位博士研究生的考生，除满足报考基本条件外，还须符合招生单位对考生提出的相关领域工作年限等条件。

其次，以硕博连读方式报考博士研究生的基本条件是：除满足上述第①③④条规定外，招生对象应是本招生单位已完成规定的课程学习和考核，成绩优秀，对学术研究有浓厚兴趣，具有较强创新精神和科研能力的在学硕士研究生。临床医学、口腔医学、兽医3个专业学位如采取硕博连读的方式选拔博士研究生，只允许在本招生单位对应的临床医学、口腔医学、兽医3个专业学位的在学硕士研究生中遴选；其他专业学位暂不采取硕博连读方式选拔博士研究生。

最后，以直接攻博方式报考博士研究生的基本条件是：除满足上述第①③④条规定外，招生对象必须是已取得学术型推免生资格的优秀应届本科毕业生。专业学位博士暂不采取直接攻博的方式进行选拔。

二、硕士研究生申请程序

（一）硕士研究生报名申请

自 2005 年全国硕士研究生招生考试全部实行在中国研究生招生信息网（简称"中国研招网"）报名开始，研究生招生工作开启了信息化管理的征程，随即进入了成熟和持续发展阶段。[①]所有参加硕士研究生招生考试的考生必须进行网上报名，并在网上或到报考点现场确认网报信息和采集本人图像等相关信息，同时按规定缴纳报考费。

应届本科毕业生原则上应选择就读学校所在地省级教育招生考试机构指定的报考点办理网上报名和网上确认（现场确认）手续；单独考试考生应选择招生单位所在地省级教育招生考试机构指定的报考点办理网上报名和网上确认（现场确认）手续；其他考生（含工商管理、公共管理、旅游管理、工程管理等专业学位考生）应选择工作或户口所在地省级教育招生考试机构指定的报考点办理网上报名和网上确认（现场确认）手续。

考生应在规定时间登录中国研究生招生信息网浏览报考须知，并按教育部、省级教育招生考试机构、报考点以及报考招生单位的公告要求报名。报名期间，考生可自行修改网上报名信息或重新填报报名信息，保留

---

① 王任模，黄静. 新时期研究生招生信息化的思考［J］. 黑龙江教育（高教研究与评估），2013（4）：68-70.

一条有效报名信息。逾期不再补报，也不得修改报名信息。

考生报名时只填报一个招生单位的一个专业。待考试结束，教育部公布考生进入复试的初试成绩基本要求后，考生可通过中国研招网调剂服务系统了解招生单位的调剂办法、计划余额等信息，并按相关规定自主多次平行填报多个调剂志愿。

考生应按招生单位要求如实填写学习情况和提供真实材料。准确填写本人所受奖惩情况，特别是要如实填写在参加普通和成人高等学校招生考试、全国硕士研究生招生考试、高等教育自学考试等国家教育考试过程中因违纪、作弊所受处罚情况。对弄虚作假者，将按照《国家教育考试违规处理办法》《普通高等学校招生违规行为处理暂行办法》严肃处理。

报名期间将对考生学历（学籍）信息进行网上校验，考生可上网查看学历（学籍）校验结果。考生也可在报名前或报名期间自行登录中国高等教育学生信息网查询本人学历（学籍）信息。

此外，对于少数民族以及退役大学生士兵和国防生现役军人等特殊群体报考做出详细规定，充分涵盖多范围不同群体。按规定享受少数民族照顾政策的考生，在网上报名时须如实填写少数民族身份，且申请定向就业少数民族地区。少数民族高层次骨干人才计划招生以考生报名时填报确认的信息为准。报考退役大学生士兵专项硕士研究生招生计划的考生，应为高校学生应征入伍退出现役，且符合硕士研究生报考条件者［高校学生指全日制普通本专科（含高职）、研究生、第二学士学位的应（往）届毕业生、在校生和入学新生，以及成人高校招收的普通本专科（高职）应（往）届毕业生、在校生和入学新生，下同］。考生报名时应当选择填报退役大学生士兵专项计划，并按要求填报本人入伍前的入学信息以及入伍、退役等相关信息。国防生和现役军人报考地方或军队招生单位，以及地方考生报考军队招生单位，应当事先认真阅读了解解放军及招生单位有关报考要求，遵守保密规定，按照规定填报报考信息，不明之处应当事先与招生单位联系。

具有推荐免试资格的考生，同样在国家规定时间内登录全国推荐优秀应届本科毕业生免试攻读研究生信息公开暨管理服务系统填报志愿并参加复试。截至规定日期仍未落实接收单位的推免生不再保留推免资格。已被招生单位接收的推免生，不得再报名参加当年硕士研究生考试招生，否则取消其推免录取资格。①

（二）博士研究生报名申请

根据《2014年招收攻读博士学位研究生工作管理办法》中的相关规定，博士研究生报名和考试的具体时间、地点由招生单位自行确定，因此，全国并没有统一的申请程序。

博士研究生报名申请，面向所有符合报考条件的已获得硕士学位人员、应届硕士毕业生及同等学力人员。在博士研究生申请报名时，符合报考条件的报考人员须按照招生单位要求办理报名手续，并在规定期限内向招生单位提交下列材料：填写好的攻读博士学位研究生报考登记表；专家推荐书；学位、学历证书复印件（应届毕业生必须在入学前补交，报名时须提交学生证复印件）或证明书；身份证复印件；招生单位要求的其他材料。

第二节　研究生入学考试与管理

研究生入学考试是指对要求攻读硕士、博士学位，或在大学攻读研究生课程、符合报考规定的申请者进行的选拔考试，分硕士研究生入学考试

---

① 教育部. 教育部关于印发《2021年全国硕士研究生招生工作管理规定》的通知［EB/OL］.（2020-09-03）［2020-12-08］. http：//www. moe. gov. cn/srcsite/A15/moe_778/s3113/202009/t20200903_484958. html.

（含无学位的研究生班的入学考试）和博士研究生入学考试两类。^①依照《中华人民共和国学位条例》对学位的有关规定，目前研究生教育分为攻读硕士学位和攻读博士学位两个前后衔接的阶段。我国研究生培养模式多样，包括普通学术型研究生教育、专业学位研究生教育和其他以在职申请学位为目的的研究生学位教育。全国研究生招生考试旨在选拔优秀人才，肩负着发展教育事业发展的重大责任。长期以来，研究生选拔考试不仅在选拔人才方面起到了重要作用，还作为人才输送的途径对国家发展起到重要作用。

一、研究生招生考试的阶段

现行硕士研究生招生考试分为初试和复试两个阶段。探索具有中国特色的研究生招生考试方式一直是我国研究生招考制度改革的重点，经过多年的努力，国家最终确定了初、复试二阶段和考试为主、申请为辅相结合的考试模式。

全国硕士研究生招生考试中对于初试与复试的规定，清晰地体现出硕士研究生招生考试的特点。初试方式为笔试，其组织工作和考务工作由教育部考试中心及各级教育招生考试机构按照相关文件规定执行。初试成绩由教育部统一划定一个标准，这个标准规定了各个学科和总分的最低分数线，达到或超过这一分数线的考生才有资格参加复试。复试采取差额形式，招生单位自主确定复试差额比例并提前公布，差额比例一般不低于120%。不过，经教育部批准的北京大学等自划线高校自行确定本校复试分数线。复试通常采取笔试和面试的形式，由招生单位自行组织。复试科目一般有专业课笔试、专业课综合面试以及外语口语、听力测试等，有些

---

① 顾明远.教育大辞典［M］.上海：上海教育出版社，1998：1858.

学校的部分专业还要进行实验操作技能的考查。[①]博士研究生招生考试与硕士研究生考试次数相同，初试考试方式均为笔试。每科考试时间为3小时，满分为100分。所有考试科目的命题、考务、评卷均由招生单位自行组织进行，考试必须在本单位进行。除进行笔试外，招生单位还可以对考生增加其他方式的考核。考试成绩由招生单位通知考生本人。招生单位根据招生计划及考生成绩情况，按照一定的比例划定考生进入复试的初试成绩要求，公布复试名单、办法和程序，组织考生复试。

二、研究生招生考试的方式与形式

目前，我国硕士研究生招生考试分为全国统一考试、单独考试和推荐考试三种形式。全国统一考试由初试和复试两部分构成，部分或全部考试科目由教育部考试中心负责统一命题，其他考试科目由招生单位自行命题。考生的笔试成绩须达到国家线（即教育部统一规定的最低录取分数线），才有参加各招生单位复试考核的资格。复试内容由各招生单位确定，一般分为专业课笔试、专业课面试、英语口语面试等，复试考核合格后方可录取。单独考试由具有单独考试资格的招生单位进行，考生须符合特定报名条件，考试科目由招生单位单独命题或选用全国统一命制试题。推荐考试的全称是"推荐优秀应届本科毕业生免试攻读硕士学位研究生"，主要为普通高等学校推荐优秀应届本科毕业生免试攻读硕士学位。推荐考试是指依据国家有关政策，对部分高等学校按规定推荐的本校优秀应届本科毕业生及其他符合相关规定的考生，经确认其免初试资格，由招生单位直接进行复试考核的选拔方式。[②]推荐考试这一形式自新中国成立

---

① 方昱婷. 关于改进研究生入学考试和招生录取方式的研究［J］. 福建教育学院学报，2012（6）：60-62.

② 教育部. 教育部关于印发《2021年全国硕士研究生招生工作管理规定》的通知［EB/OL］.（2020-09-03）［2020-12-08］. http：//www. moe. gov. cn/srcsite/A15/moe_778/s3113/202009/t20200903_484958. html.

后研究生教育制度初建之时就存在，并一直处于不断变革之中。全国统一考试与推荐考试是硕士研究生招考的两大重要形式。经过近些年的不断改革与发展，研究生教育事业取得长足进步，硕士研究生招考制度等也在不断进行革新，成为选拔优秀人才的重要途径。

博士研究生因其教育层次和规模人数等特点，其招考方式必然不同于硕士研究生招考方式。根据文件规定，博士研究生招生考试形式主要包括普通招考、硕博连读、直接攻博三种形式。[①]

普通招考，即博士生入学统一考试。招生单位面向所有符合报考条件的已获得硕士学位人员、应届硕士毕业生及同等学力人员进行公开招考选拔博士生，包括初试和复试两阶段。初试采用笔试的方式，复试多采用面试的方式，主要考查学生的专业基础知识、科研能力、创新能力等。普通招考尽管难以在有限的时间内选拔出足够的优秀人才，但其统一性、程序性、严格性都在一定程度上确保了选拔的公平。

硕博连读是指招生单位从本单位已完成规定课程学习且成绩优秀、具有较强创新精神和科研能力的在学硕士研究生中择优遴选博士研究生的招生方式。拟按硕博连读方式选拔的学生需根据招生单位的规定提出申请，并通过招生单位组织的博士研究生入学考试或考核，被录取后才能进入博士研究生阶段进行学习。

直接攻博是指符合条件的招生单位在规定的专业范围内，选拔具有学术型推免生资格的优秀应届本科毕业生直接取得博士研究生入学资格的招生方式。2010年以前已在教育部备案开展招收直博生工作的高校，招生专业一般为基础学科，招生人数原则上不超过本校博士研究生招生计划的10%；其他高校可在本校理、工、农、医学科门类国家重点一级学科的专

---

① 教育部. 教育部关于印发《2014年招收攻读博士学位研究生工作管理办法》的通知［EB/OL］. （2014-04-14）［2020-12-08］.https：//yz.chsi.com.cn/kyzx/zcdh/201404/20140414/887940960.html.

业内招收直博生，招生人数一般不超过本专业招生人数的20%。

硕博连续和直接攻博这两种方式一般采用学生自主申请、学校综合考评的方式，根据申请者在学的综合表现情况达到多元考评的效果。

申请—考核制是一种新兴的博士生申请程序，英美等国的研究生招考大多采用此类方式，但在中国其还处在改革试点阶段。申请—考核制一般由考生提出申请，提交招生单位要求的相关材料，再由招生单位审核通过后面试录取。不同于前面几种以考试为主的申请程序，这种模式可以选拔出优异且具有潜力的学生，原因在于它能够综合考查学生在校期间的状况，打破以往以初试分数为主的分数至上局面。目前，一些具备更多自主权的高校在进行申请—考核制的试点工作。

三、研究生招生考试的时间设置

我国自1951年初步建立研究生招生制度以来，教育部一直在调整招生考试时间，直至近些年，全国硕士研究生招生考试时间才得以确定。按照国家规定，研究生招生考试每年举行一次，分为预报名阶段和正式报名阶段。预报名一般在每年的9月下旬，正式报名一般在每年的10月中下旬，具体时间以当年的招生管理规定为准。考生于规定时间登录中国研究生招生信息网浏览报考须知，并按教育部、省级教育招生考试机构、报考点以及报考招生单位的网上公告要求报名。初试一般在每年12月由国家统一组织开展，既有全国统一命题或联合命题的统考科目，也有部分招生单位自命题科目。例如，按照《2021年全国硕士研究生招生工作管理规定》，2021年全国硕士研究生招生考试初试时间为2020年12月26日至27日。超过3小时的考试科目在12月28日进行。复试时间、地点、内容、方式、成绩使用办法、组织管理等由招生单位按教育部有关规定自主确定。全部复试工作一般应在录取当年4月底前完成。至于博士研究生的招生考试时间因由各招生单位自行确定所以无法达成一致的时间，但是国家规定招生单位的博士研究生录取工作应于6月15日前结束。

四、研究生招生考试的内容设计

研究生教育招生考试是选拔国家以及社会所需优秀人才的重要通道，其考试形式与内容极大影响着整个招生工作的完成以及研究生生源的质量。我国的研究生教育经过多年的创新探索与实践最终形成如今的招考内容。

硕士研究生招考的内容主要包括[①]：硕士研究生招生初试一般设置四个单元考试科目，即思想政治理论、外国语、业务课一和业务课二，满分分别为100分、100分、150分、150分。招生单位必须按教育部的有关规定确定考试科目并使用相关试题。此外，关于具体专业考试内容的规定体现出考试内容的针对性以及对考生的考查侧重。教育学、历史学、医学门类初试设置三个单元考试科目，即思想政治理论、外国语、专业基础综合，满分分别为100分、100分、300分。会计、图书情报、工商管理、公共管理、旅游管理、工程管理和审计等专业学位硕士初试设置两个单元考试科目，即外国语、管理类联考综合能力，满分分别为100分、200分。金融、应用统计、税务、国际商务、保险、资产评估等专业学位硕士初试业务课设置经济类综合能力考试科目，满分为150分。硕士研究生招生考试的全国统一命题科目为思想政治理论、英语一、英语二、俄语、日语、数学一、数学二、数学三、教育学专业基础综合、心理学专业基础综合、历史学基础、临床医学综合能力（中医）、临床医学综合能力（西医）；数学（农）、化学（农）、植物生理学与生物化学、动物生理学与生物化学、计算机学科专业基础综合、管理类联考综合能力、法硕联考专业基础（非

---

① 教育部. 教育部关于印发《2021年全国硕士研究生招生工作管理规定》的通知［EB/OL］.（2020-09-03）［2020-12-08］. http：//www. moe. gov. cn/srcsite/A15/moe_778/s3113/202009/t20200903_484958. html.

法学）、法硕联考综合（非法学）、法硕联考专业基础（法学）、法硕联考综合（法学）、经济类综合能力。其中，教育学专业基础综合、心理学专业基础综合、历史学基础、数学（农）、化学（农）、植物生理学与生物化学、动物生理学与生物化学、计算机学科专业基础综合、经济类综合能力试题由招生单位统筹考虑本单位实际情况自主选择使用；口腔医学专业学位既可选用统一命题的临床医学综合能力，也可由招生单位自主命题。医学学术学位硕士研究生初试业务课科目由招生单位按一级学科自主命题，至于复试各招生单位仍然按照国家研究生招生政策中对于各招生单位的指导原则自主确定。

博士研究生的考试内容主要指的是普通招生考试，其考试与评价过程主要包括以下几个方面。[①]

资格审查。招生单位在初试前应对考生的居民身份证、学位证书、学历证书（以报名前所获得的文凭为准）、学生证等报名材料原件及考生资格进行严格审查。

申请材料审查和科研创新能力评价。招生单位在初试前组织专家对考生的申请材料进行认真的审查，并对考生的科研创新能力进行评价。通过考生的硕士课程成绩、硕士学位论文（含评议书、应届硕士毕业生硕士论文开题报告）、考生参与科研、发表论文、出版专著、获奖等情况及专家推荐意见、考生自我评价等材料对其做出评价结论，该结论应作为录取环节的重要参考依据之一。

初试。初试的科目为思想政治理论（已获硕士学位者和应届硕士毕业生可免试）、外国语和至少两门专业课。考试方式均为笔试。每科考试时间为3小时，满分为100分。所有考试科目的命题、考务、评卷均由招生单

① 教育部. 教育部关于印发《2014年招收攻读博士学位研究生工作管理办法》的通知［EB/OL］.（2014-04-14）［2020-12-08］.https://yz.chsi.com.cn/kyzx/zcdh/201404/20140414/887940960.html.

位自行组织进行，考试必须在本单位之内进行。

复试。招生单位根据招生计划及考生成绩，划定考生进入复试的初试成绩要求，公布复试名单、办法和程序，组织考生复试。复试内容主要包括对考生学术水平的考查、思想政治素质和品德考核及体格检查等。学术水平考查时，招生单位应组织一般不少于5人的本学科副教授职称（含）或相当专业技术职务以上专家组成复试小组，对参加复试的考生进行学术水平考查。复试小组根据专业培养目标的要求，通过面试等形式考查考生综合运用所学知识的能力、科研创新能力、对本学科前沿领域及最新研究动态的掌握情况等，并对考生进行外国语能力测试。复试中还应参考考生申请材料审核情况，对其进行综合测评，判断考生是否具备博士研究生的潜能和素质。同等学力考生在复试阶段须加试（笔试）两门本专业硕士学位主干课程。思想政治素质和品德考核的主要内容包括考生的政治态度、思想表现、学习（工作）态度、道德品质、遵纪守法、诚实守信等方面。招生单位在复试考查时应组织有关职能部门、导师等与考生进行有针对性的面谈，直接了解考生的思想政治素质和品德状况。招生单位还可采取函调或派人外调的方式对考生的思想政治素质和品德进行考核。拟录取名单确定后，招生单位应向考生所在单位函调人事档案和本人现实表现等材料（须加盖考生人事档案所在单位人事或政工部门公章），全面审查其思想政治素质和道德品质。对考生的体检要求原则上由招生单位参照教育部、卫生部、中国残联印发的《普通高等学校招生体检工作指导意见》（教学〔2003〕3号）要求，按照《教育部办公厅 卫生部办公厅关于普通高等学校招生学生入学身体检查取消乙肝项目检测有关问题的通知》（教学厅〔2010〕2号）规定，结合招生专业实际情况，提出本单位体检要求。体检须在招生单位指定的二级甲等以上医院进行。

硕博连读和直接攻博方式初试（考核）、复试的形式和办法则由招生单位参照普通招考方式的相关规定自行制定并向考生公布。

第三节 研究生管理权限与录取程序

一、研究生管理部门的权限

研究生教育作为我国最高层次的教育培养形式，其管理内容的特殊性与管理机构的特殊性是难以分开的，二者之间联系密切。研究生管理机构也有一定的层次性，不同级管理机构拥有不同的管理权限与职责。国家针对研究生教育进行了一系列改革后，现如今我国的研究生教育管理机构主要包括教育部及省级高等学校招生委员会、招生单位主管部门、招生单位。

（一）教育部门的管理权限

教育部门代表政府主管全国的研究生招生工作，其主要职权包括招生管理和政策制定权、招生总控制权、依章指导和监督检查权、维护国家考试的权威性和公平权等。但上述招生职权实施时有分工，国务院学位办和发展规划司主要负责招生计划的编制、计划汇总和审核。具体的考试和录取工作以及对学校的招生监管主要由教育部高校学生司以及考试中心负责组织实施。[①]根据每年度《全国硕士研究生招生工作管理规定》和《2014年招收攻读博士学位研究生工作管理办法》中的相关规定，教育部负责宏观管理全国的研究生招生工作。

（1）研究制定研究生招生工作的方针、政策、规定和办法，发布年度招生考试公告，部署全国招生工作，并监督检查执行情况。

---

① 孟洁，史健勇.中国研究生招生制度变革研究［M］.北京：中国政法大学出版社，2013：65.

（2）会同国家有关部门制订并下达年度研究生招生计划。

（3）确定硕士研究生招生全国统一命题科目并审定考试大纲。

（4）监督、指导全国统一命题科目的命题工作和全国硕士研究生招生考试的组织实施工作。

（5）公布组织单独考试招收硕士研究生的招生单位名单及其年度招生限额。

（6）制定推免工作政策，下达开展推荐优秀应届本科毕业生免试攻读研究生工作的高校年度推免名额，并指导有关地方和高校对推免工作进行管理。

（7）组织招生管理人员的培训工作，开展招生宣传工作。

（8）公开招生信息，并对各省级教育行政部门、教育招生考试机构和研究生招生单位招生信息公开工作进行监督。

（9）指导督促有关部门和单位调查处理招生工作中发生的重大问题。

（二）省级高等学校招生委员会的管理权限

省级高等学校招生委员会处于省招生办公室的领导之下，作为二级管理机构，主要承担政策落实和规定细化、统筹信息管理、协调和监督辖区招生单位的责任，协调辖区内的研究生招生工作。省级高等学校招生委员会的权限如下。①

（1）执行教育部关于招生工作的方针、政策、规定和办法，结合本地区的实际情况制定必要的补充规定，报教育部备案并组织实施。

（2）明确省级教育行政部门、教育招生考试机构具体职责分工。建立健全研究生招生机构，配备专职人员，加强队伍建设。根据新形势和日

---

① 教育部. 教育部关于印发《2021年全国硕士研究生招生工作管理规定》的通知［EB/OL］.（2020-09-03）［2020-12-08］. http：//www. moe. gov. cn/srcsite/A15/moe_778/s3113/202009/t20200903_484958. html.

益增加的工作任务要求，合理设置负责研究生招生工作的专门常设机构，合理确定研究生招生工作人员的编制，配备必要的专职研究生招生工作人员，做好本地区招生工作人员的培训工作。

（3）组织省级招生单位制定、发布招生章程和招生专业目录。

（4）组织并做好试卷印制及保密、保管工作，确保试卷绝对安全。指导招生单位做好自命题试题的命制、保密、保管工作，并开展监督检查。

（5）做好考生信息的安全保密工作。

（6）设置报考点和评卷点，组织报名、考试、评卷等工作，根据教育部要求按时、准确、规范上报有关信息数据。

（7）结合本地实际需要，统筹建设和使用标准化考点。

（8）全面负责本地区考试安全工作，及时处置与本地区有关的考试安全突发事件。省级高等学校招生委员会主要负责人对考试安全工作负领导责任，省级教育行政部门主要负责人是第一责任人，省级教育招生考试机构主要负责人是直接责任人。省级高等学校招生委员会相关部门的分管领导对本部门硕士研究生招生考试职责范围内的工作负全责。

（9）按有关规定开展招生信息公开相关工作，并对本地区所有研究生招生单位招生信息公开工作进行监督与管理。

（10）协调并监督检查招生单位和报考点的考试招生工作，对招生单位录取结果进行政策审核。调查、处理本地区考试招生工作中发生的问题。发现重大问题应立即向所在地省级人民政府和教育部报告。

（11）根据考生申请，对招生单位信访答复情况进行复查。

（12）依法维护考生和招生工作人员的合法权益，保障招生考试工作人员的合理、正当待遇。

（13）组织开展招生宣传、咨询和研究工作。

（三）招生单位主管部门的权限

招生单位主管部门作为高校的相关招生部门是负责指导、监督部门所属高校进行招生工作的主体，其职责如下。

（1）根据国家的有关规定和国家下达的招生规模指标，拟定本部门所属各招生单位的招生计划，对所属招生单位的考试招生工作进行监督、管理。

（2）指导、监督本部门所属招生单位根据国家下达的招生计划和有关招生规定开展研究生招生工作，包括指导、监督所属招生单位执行国家招生政策、编制招生计划、考务管理、安全保密、复试组织、规范录取、信息公开、受理申诉等工作，调查、处理所属招生单位招生工作中发生的问题，并追究有关部门和相关人员的责任。

（四）招生单位的权限

高校作为研究生教育招生工作的主体，不仅是权利与责任的主体，而且是上级部门政策与招生工作的执行者和实施者。相较于其他相关管理部门，高校处于管理系统的末端，是保证整个招生工作落实的关键。根据国家对研究生招生工作的文件规定，高等学校作为招生单位的权限如下。[①]

（1）成立由校领导牵头、校内纪检监察等有关部门负责人参加的研究生招生工作领导小组，负责按照教育部有关招生政策、规定、办法，上级主管部门、所在省高等学校招生委员会的补充规定以及本单位的实际情况，制定实施细则，并开展招生工作。

（2）设置研究生招生机构，合理确定必要的人员编制，配备一定数量的专职人员负责招生工作，并组织培训招生工作人员。

（3）根据社会需求、办学条件和国家核定的招生规模制订本单位的分学科（类别）、专业（领域）的招生方案。

---

① 教育部. 教育部关于印发《2021年全国硕士研究生招生工作管理规定》的通知 ［EB/OL］. （2020-09-03）［2020-12-08］. http：//www. moe. gov. cn/srcsite/A15/moe_778/ s3113/202009/t20200903_484958. html.

（4）遴选指导教师，制定指导教师管理办法，定期开展导师培训。

（5）编制并公布招生章程和招生专业目录。

（6）参照教育、卫生健康等行政主管部门的体检工作相关规定，结合本单位情况，制定体检要求。

（7）按规定开展本单位招生信息公开和相关解释工作。

（8）开展招生宣传、咨询和研究工作。

（9）审核考生的报考资格。

（10）组织命题、评卷、复试、体检、思想政治素质与道德品质考核和录取等工作，并做好相应的安全保密工作。

（11）做好考生信息的安全保密工作。

（12）按照省级教育招生考试机构要求设立报考点和评卷点并开展相关工作，根据省级教育招生考试机构要求按时、准确、规范上报有关信息数据。

（13）依法维护考生和招生工作人员的合法权益，保障招生、考试人员的合理正当待遇。

（14）根据考生申请，对本单位有关考试招生行为进行调查、处理并给予答复。

二、研究生录取程序

作为高校研究生招生工作的关键环节，录取关系到国家招生政策的贯彻落实，关系到上级部门招生计划的执行完成，关系到考生上学的需求是否满足，关系到高校招生工作的完成度以及高校的名望声誉，对考生的前途和国家人才选拔、社会风气乃至社会稳定等都具有十分重要的意义。研究生录取是指高校根据国家发布的有关研究生教育的政策文件及其相关规定，按照硕、博士研究生培养要求选拔新生的具体过程。研究生录取程序，按照招生单位的具体工作实施情况，包括完成考生录取在内的全部过程；而按照考生情况则分为录取和调剂两个部分。这是高校确定以及评估考生成绩、按照招生计划选拔人才的关键环节。

（一）考生录取

目前，根据教育部的规定，凡符合报名条件、达到复试基本要求并按规定程序参加复试的考生，复试合格并通过资格审查的，学校可予以录取。研究生招生工作按照学位层次分为硕士研究生与博士研究生的招生工作，因此，在其录取工作中同样有不同的规定与实施办法。硕士研究生录取工作内容如下。[①]

（1）招生单位要在研究生招生工作领导小组的统一领导下，按照教育部有关招生录取政策规定及各省级高等学校招生委员会的补充规定，根据本单位招生计划、复试录取办法以及考生初试和复试成绩、思想政治表现、身心健康状况等择优确定拟录取名单。录取工作要依法保护残疾考生的合法权益。

（2）招生单位要严格按照教育部下达的招生计划（含各专项计划）及相关要求开展招生录取工作，录取人数不得超过本单位招生计划。

（3）各招生单位破格复试录取人数原则上不超过本单位全日制硕士生招生计划的3%。

（4）单独考试录取人数不得超过教育部下达的单独考试招生限额，且录取要符合有关要求。

（5）在本招生单位内，学术型招生计划可调整到专业学位招生使用，但专业学位招生计划不得调整到学术型招生使用。全日制招生计划与非全日制招生计划不得相互调整使用。

---

① 教育部. 教育部关于印发《2021年全国硕士研究生招生工作管理规定》的通知［EB/OL］．（2020-09-03）［2020-12-08］. http：//www. moe. gov. cn/srcsite/A15/moe_778/s3113/202009/t20200903_484958. html.

（6）定向就业的硕士研究生应当在被录取前与招生单位、用人单位分别签订定向就业合同。参加单独考试的考生，只能被录取为回原单位定向就业的硕士研究生。

（7）考生因报考硕士研究生与所在单位产生的问题由考生自行处理。若因此造成考生不能复试或无法录取，招生单位不承担责任。

（8）经考生确认的报考信息在录取阶段一律不做修改，对报考资格不符合规定者不予录取。各招生单位不得将未通过或未完成学历（学籍）审核的考生列入拟录取名单公示或上报。

（9）各省级教育行政部门、教育招生考试机构应当按国家规定对招生单位的录取工作进行检查，实施监督。各招生单位为录取考生打印录取登记表，盖章后存入考生的人事档案。

（10）被录取的新生，经考生本人申请和招生单位同意后可以保留入学资格，工作1~2年后再入学学习。录取为保留入学资格的考生纳入招生单位当年的招生计划。

（11）应届本科毕业生及自学考试和网络教育届时可毕业本科生考生，入学时未取得国家承认的本科毕业证书者，录取资格无效。

博士研究生录取工作内容如下。①

（1）招生单位要按照"择优录取、保证质量、宁缺毋滥"的原则开展录取工作。招生工作领导小组对本单位的博士生录取结果负责。

（2）录取前招生单位要组织专人对拟录取考生的所有报考材料逐一进行复核。

（3）招生单位的院（系、所）应根据招生计划，参照考生的申请材料审查和评价结果、初试和复试成绩，以及思想政治素质和品德考核结

---

① 教育部. 教育部关于印发《2014年招收攻读博士学位研究生工作管理办法》的通知［EB/OL］.（2014-04-14）［2020-12-08］. https://yz.chsi.com.cn/kyzx/zcdh/201404/20140414/887940960.html.

果、体检结果等做出综合判断，提出拟录取名单，报本单位招生工作领导小组审定后按要求予以公示。

（4）招生单位应打印被录取考生的录取情况登记表并加盖公章，存入考生的人事档案。被录取考生的考试答卷应由招生单位保留至考生毕业离校为止。未被录取考生的答卷和其他相关材料由招生单位保存1年。

（5）招生单位的博士研究生录取工作应于6月15日前结束。各招生单位须在6月15日前将本单位博士研究生录取名单上传至中国研究生招生信息网，所在地省级教育招生考试管理机构须在6月25日前审核完毕并上报教育部。

（6）考生的各项考试、考核成绩仅对本次招生有效，招生单位不得录取未参加本单位本次规定时间招生考试的考生。被录取新生的入学资格只在当学年有效。若有违反上述规定的，一经查实，取消录取资格，同时将追究招生单位和有关人员的责任。

（7）因特殊原因不能按时入学报到者，须以书面形式向招生单位请假说明。无故逾期2周不报到者，招生单位有权取消其入学资格。应届毕业考生入学时未取得国家承认的相应学位学历证书者，取消录取资格。

（8）新生报到后，招生单位可对其进行思想政治素质和道德品质、专业素质、健康状况等全面复查，发现有不符合标准者按照本单位有关规定进行处理。

（二）考生调剂

诚然，最完美的结果是所有考生都能进入梦想的高校。然而，仍有部分考生虽然符合教育部规定的参加复试的基本要求，但受其报考单位招生规模与分数限制不能被录取，从而不得不调剂至其他招生单位。在关于硕、博士研究生招生工作管理规定与执行办法中仅仅有关于硕士研究生调剂的内容，博士研究生并无调剂这一项程序。有关硕士研究生调剂工作内容如下。①

（1）招生单位应当按教育部有关政策制定本单位（含所属院、系、所）调剂工作办法，详细说明接收考生调剂的时间、基本要求、工作程序、调剂复试办法、联系咨询电话等信息，并提前在全国硕士生招生调剂服务系统和本单位网站中公布。

（2）招生单位（含所属院、系、所）相关调剂工作办法及调剂录取名单须报招生单位招生工作领导小组审定，并报省级教育招生考试机构审核。

（3）考生调剂的基本条件如下。

①符合调入专业的报考条件。

②初试成绩符合第一志愿报考专业在调入地区的全国初试成绩基本要求。

③调入专业与第一志愿报考专业相同或相近，应在同一学科门类范围内。

④初试科目与调入专业初试科目相同或相近，其中初试全国统一命题科目应与调入专业全国统一命题科目相同。

⑤第一志愿报考照顾专业（指体育学及体育硕士，中医学、中西医结合及中医硕士，工学照顾专业，下同）的考生若调剂出本类照顾专业，其初试成绩必须达到调入地区该照顾专业所在学科门类（类别）的全国初试成绩基本要求。第一志愿报考非照顾专业的考生若调入照顾专业，其初试成绩必须符合调入地区对应的非照顾专业学科门类（类别）的全国初试成绩基本要求。体育学与体育硕士，中医学、中西医结合与中医硕士，工学照顾专业之间调剂按照顾专业内部调剂政策执行。

---

① 教育部. 教育部关于印发《2021年全国硕士研究生招生工作管理规定》的通知［EB/OL］.（2020-09-03）［2020-12-08］. http：//www. moe. gov. cn/srcsite/A15/moe_778/s3113/202009/t20200903_484958. html.

⑥第一志愿报考工商管理、公共管理、旅游管理、工程管理、会计、图书情报、审计专业学位硕士的考生，在满足调入专业报考条件的基础上，可申请相互调剂，但不得调入其他专业；其他专业考生也不得调入以上专业。

⑦第一志愿报考法律（非法学）专业学位硕士的考生不得调入其他专业，其他专业的考生也不得调入该专业。

⑧报考少数民族高层次骨干人才计划的考生不得调剂到该计划以外录取；未报考的不得调剂入该计划录取。

⑨报考退役大学生士兵专项计划的考生，申请调剂到普通计划录取，其初试成绩须达到调入地区相关专业所在学科门类（专业学位类别）的全国初试成绩基本要求。符合条件的，可按规定享受退役大学生士兵初试加分政策。

⑩报考普通计划的考生，符合退役大学生士兵专项计划报考条件的，可申请调剂到该专项计划录取，其初试成绩须符合相关招生单位确定的接受退役大学生士兵专项计划考生调剂的初试成绩要求。调入退役大学生士兵专项计划招录的考生，不再享受退役大学生士兵初试加分政策。

⑪相关招生单位自主确定并公布本单位接受报考其他单位临床医学类专业学位硕士研究生调剂的成绩要求。教育部划定临床医学类专业学位硕士研究生初试成绩基本要求作为报考临床医学类专业学位硕士研究生的考生调剂到其他专业的基本成绩要求。

⑫报考临床医学类专业学位硕士研究生的考生可按相关政策调剂到其他专业，报考其他专业（含医学学术学位）的考生不可调剂到临床医学类专业学位。

⑬参加单独考试（含强军计划、援藏计划）的考生不得调剂。

⑭符合调剂条件的国防生考生，可在允许招收国防生硕士研究生的招生单位间相互调剂。

⑮自划线高校校内调剂政策按上述要求自行确定。

（4）考生申请调剂前，应充分了解招生单位（含各院、系、所）的调剂工作办法以及相关专业不同学习方式（全日制和非全日制）的招生、培养、奖助、就业等相关政策。招生单位也要积极做好政策宣传解读工作。

（5）招生单位接收所有调剂考生（既包括接收外单位调剂考生，也包括接收本单位内部调剂考生）必须通过教育部指定的"全国硕士生招生调剂服务系统"进行（退役大学生士兵加分项目考生、享受少数民族政策考生可除外）。

（6）招生单位每次开放调剂系统持续时间不得低于12小时。对申请同一招生单位同一专业、初试科目完全相同的调剂考生，招生单位应当按考生初试成绩择优遴选进入复试的考生名单，不得简单以考生提交调剂志愿的时间先后顺序等非学业水平标准作为遴选依据。

（7）考生调剂志愿锁定时间由招生单位自主设定，最长不超过36小时。锁定时间超过后，如招生单位未明确受理意见，锁定解除，考生可继续填报其他志愿。

（8）招生单位应根据本单位实际复试录取情况，通过"全国硕士生招生调剂服务系统"及时、准确发布计划余额信息及接收考生调剂申请的初试成绩等基本要求，并积极利用调剂系统在线留言功能、咨询电话等渠道为考生调剂提供良好服务。

（9）调剂工作由各招生单位研究生招生管理部门归口管理并统一办理相关手续。

第四节　研究生招生制度的国际比较

一、美国研究生招生制度及其特点

美国作为世界上著名的教育强国有许多值得我们学习借鉴之处，研究生教育即为其中之一。美国研究生教育已然经过一个多世纪的发展，不论是总体的教育制度与体制，还是研究生招生制度都日趋完备，其经验值得我们思考。

（一）美国研究生招生制度简介

1. 招生计划管理

美国大学奉行大学自治和学术自由，实行分权制研究生教育管理体制，拥有研究生自主招生权。联邦政府无法直接影响高校研究生的招生和培养工作，一般通过拨款及立法的形式间接起作用。研究生招生一般由各招生院校自行组织，并且招生计划中没有名额的限制，具体的招生工作由学校的研究生院和招生系共同负责组织与管理，名额根据申请者的情况和导师申请的课题及经费确定。其中，研究生院主要负责确定招生计划、制定入学政策、规定录取的最低标准和发录取通知书等工作，招生系和各专业主要负责审查和录取工作。[①]此外，美国高校的研究生招生在不同地区、不同高校之间不同，甚至同一高校不同学院之间也存在差异。

---

① 索昭昭.研究生招生考试制度的国际比较与借鉴［D］.苏州：苏州大学，2008.

2.考生申请报名

美国研究生招生采取的是先考试再报名的方式，也就是考生在考试成绩达到最低分数线之后才可以填写自己的报名志愿。每个申请攻读研究生的考生可以向不同的高校提出申请，在多个高校中挑选自己中意的高校，高校和学生之间进行双向选择。美国研究生申请一般设在春、秋两季，但不同高校设置的截止时间不同。

考生在申请攻读硕士学位时，除需要美国研究生入学考试（GRE）成绩之外，还需提交以下材料：第一，提供大学本科阶段全部课程学习成绩。第二，提供由2~3名教授签名的推荐信，推荐信要对申请人的学术水平、工作能力和从事科学研究的能力给予客观的评价。第三，考生的申请书，要表明申请此专业的目的、学习计划等，有时还要提供相应的工作经历。报考特殊专业，如建筑学、音乐学的考生，应提供一些诸如设计图纸、本人创作或演奏曲子的磁带。美国几乎所有高校都是根据考生的本科学习成绩、教授的推荐信以及GRE成绩等进行综合平衡，然后决定是否录取。对于外国学生，美国大学还要求申请人提供英语考试的合格证明，如托福（TOEFL）考试成绩。[①]

3.入学考试

经过一个多世纪的发展，美国研究生教育最终形成了以GRE为核心的研究生招生考试制度。美国现行的研究生招生制度并不是一种由教育行政部门主导的全国性统一考试，而是由若干所大学的研究生院约定形成的一种制度。

美国研究生招生选拔流程为：招生单位发布招生信息——申请者参加

---

① 刘海兰.中美研究生招生考试制度的比较研究［D］.长沙：湖南师范大学，2005.

专业考试机构组织的研究生标准化入学考试——申请者按照招生单位要求提供本科期间的平均成绩、研究生标准化入学考试成绩、专家推荐信、个人简历等申请材料——招生单位接收、审核申请者提交的材料——招生单位确定录取名单——申请者选择招生单位。[①]

GRE分为一般能力考试和专业能力考试两类。一般能力考试主要测试考生的语言能力、数学能力和分析能力。语言能力考试主要测试考生对词语的理解、辨析、运用等能力；数学能力考试主要测试考生对于初等数学基本知识的了解和掌握程度以及基本的数学推理和计算能力；分析能力考试主要测试考生的分析推理和逻辑推理、判断能力，这种能力无须学过形式逻辑或数学，但考生需具备一定的逻辑推理能力。GRE专业考试测试考生对于某一专业的基本要领与基本原理的掌握程度以及运用专业知识和原理解决问题的能力。[②]

美国研究生考试的时间与考试方式根据不同地区、不同类型的考试而不同。例如，对于不同地区，普通考试可分为上机答题和书面答题。GRE考试为美国范围内最广泛的研究生入学考试，目前在全世界范围内产生了巨大的影响。

4. 正式录取

美国研究生的录取并不仅仅关注GRE考试成绩，还关注众多要素。仅凭一次考试很难完全评价一个人的研究能力，只有综合各方面的材料才能充分地了解考生。此外，美国研究生招生单位拥有很大的自主权，实行的是自主录取。研究生院对考生的报考资格等基本条件进行审核，但最终录取决定权由该院成立的专门委员会拥有。美国大学在招收研究生时，首先

---

① 张秀三.美国研究生招生选拔机制研究及启示 [J].高教探索，2015（8）：99-104.
② 黄德峰，刘猛，王本余.美国研究生招生考试制度的比较与借鉴 [J].现代大学教育，2003（1）：76-79.

考查的是大学时的成绩，考生必须获得高等学校授予的学士学位。其次才是专家推荐信和GRE成绩。不仅如此，还需参照学生参与社会实践活动的情况、学生的动手能力、个人推荐材料中的自我评价、学生所提供的研究计划和专家推荐信等众多材料来决定该考生能否被录取。

（二）美国研究生招生制度的特点

1. 研究生招生考试管理权凸显民间性和专业性

美国高校具有很大的自主权，招生基本上由各高校自主负责。因此，美国的研究生招生考试其实并不是由美国的教育行政部门主导的，而主要是由民间的专业组织运行的，政府无法进行太多干涉。随着GRE成为美国主要的研究生招生考试，负责全美研究生招生考试的民间组织——教育考试服务处成立。这一机构充分体现了美国研究生招生考试的民间性。作为非营利机构，这一民间组织为各高校研究生院提供了众多参考依据。

2. 重视对考生综合能力的考查

从GRE考试内容不难看出，美国研究生招生考试并不只是考查考生对基础知识的掌握程度。一般能力与专业能力的综合考查主要是测试考生已经具备的能力，而不局限于某一方面或者某一领域。此外，美国研究生录取最重视的并不是考生的GRE成绩，而是其大学成绩，然后才是推荐信等材料，需对考生进行全方位的考查，这充分体现了美国研究生录取是一个综合考量的过程。

3. 考试方式方法灵活多样

美国大学的研究生招生考试通常在春、秋两季举行，函报、面谈、电话、电传、电脑都可以成为报名的方式。各个院校可以根据自己的情况划定录取分数线。这种方式既保证了各院校之间成绩的可比性，又能保证申请者对不同院校报考的需求。灵活性还体现在考试时间的安排上，很多考试一年举行多次，给申请者提供了便利。考生可根据自己的情况选择报考的时间，这也在一定程度上保证了高校的生源。

4. 招生对象国际化

随着美国国家实力的增强，其影响力不仅仅局限于某一领域或某一方面。无论是在政治、经济方面，还是在教育方面，美国都在世界范围内产生了重大影响。面对全球化的国际环境，美国也注重教育方面的国际合作，国际生源成为美国高校竞争的对象，为吸引全球的优质生源美国提供了全方位的GRE考试服务。

二、德国研究生招生制度及其特点

德国被称为现代研究生教育的发源地。洪堡大学时期确立的学位制度奠定了现代学位制度发展的基础，同时确立了科学研究的地位。导师制、研究所以及讲座小组的培养模式方法，是当时德国研究生教育的特色。其学徒制研究生培养模式曾经是世界各国争相模仿的对象，一度影响了当时西方众多国家。德国的学位制度与其他国家普遍实行的三级学位制度不同，德国的学位只有两级，即文凭学位或硕士学位、博士学位。文凭学位或硕士学位属于初级学位，授予高校毕业生；博士学位是德国的唯一高级学位。

（一）德国研究生招考制度简介

1. 招生计划管理

德国大学没有专门的研究生教育管理机构。在德国的学术型大学中，只要有具备招收博士研究生资格的教授，就可以招收博士研究生。以导师制为核心的培养模式体现着教授在研究生招生工作中的权力与地位。尽管系一级设立的博士学位委员会参与招生工作，但教授的意见最终起决定作用。招收人数没有具体的指标限制，这也体现了教授的决定权，教授根据

经费以及申请者的科研能力等自行决定招生指标。在德国，具备招收研究
教授只要有科研课题就可以招收研究生。

2. 考生申请报名

在德国，申请者须在高等学院学习满8个学期，并取得毕业文凭才具
备申请博士学位的资格。除此之外，还要提交其他相关材料，如学历证
明、教授推荐信、论文题目或方向以及完成计划。由于没有专门的研究生
管理机构，因此德国高校对申请者可能会因专业的不同而提出特殊的要
求。20世纪90年代，优秀的高专毕业生也可以申请就读博士学位，但相较
而言其就读的时间更长。外国学生申请德国博士学位的过程比较复杂，由
于课程设置的差别，有时还需重修一两年的课程，通过考试后才可以攻读
博士学位。

3. 入学考试

在德国，博士研究生教育没有入学考试，博士教育被认为是本科教
育的延续，只要本科成绩好于平均分数，研讨课和实习课成绩优良，原则
上就具备了攻读博士学位的资格。只要不改换专业，就不需要经过专门考
试。当然也并不是每一个申请者都能成为博士研究生，还必须考虑其他因
素。在个别情况下，当申请者的本科阶段学业成绩不能反映其研究水平
时，则由考试委员会对其进行课程考试。[①]

对非本学科专业毕业的学生，则会对其进行两门本学科专业课程的考
试，用以考核学生是否具有扎实的专业知识基础；对那些虽不是本学科毕
业，但已从事多年本学科专业工作的人员，则须接受由本学科若干位教授
主持的面试；外国留学生，除德语国家和少数与德国学制相近的国家外，
一般要补修一定的课程，甚至要重做本科毕业论文，然后进行资格审查，

---

① 索昭昭.研究生招生考试制度的国际比较与借鉴［D］.苏州：苏州大学，2008.

合格者才允许在德国攻读博士学位。^①

4. 正式录取

德国博士研究生的录取完全取决于教授。正式录取前教授会与申请者面谈，了解其大学学业成绩以及是否具备今后从事研究的能力与兴趣。只有那些基础知识较好且具备较强独立科研工作能力的申请者才能得到教授的认可，从而获得录取资格。

（二）德国研究生招生制度的特点

1. 实行免试入学的招考方式

因为德国的中学以及本科教育时间较长、教育质量较高，所以德国的本科毕业考试可代替研究生入学考试。因德国的本科教育严格，本科教育也在国际上享有盛誉，因此能够为这种免试入学提供最基本的保障。在遴选过程中，录取委员会高度重视申请者在本科阶段与申请专业密切相关的单科成绩以及结业成绩在大学中的排名。虽然没有考试的形式，但是并没有减少对考生的综合评价。尽管如此，仍然有人对此种模式进行批评，指出其在实际操作过程中可能会产生的一些弊端，但这也是德国根据其自身教育背景与实力而选择的教育方式。此外，德国研究生招生对申请者也有许多道德方面的要求。

2.导师负责制占据主导地位

德国的研究生培养模式决定了导师的重要地位，无论是在研究生招生过程中还是在培养过程中，导师无疑起着决定性作用。在博士研究生入学申请时，申请者必须找到一名"愿意帮助他选择论文题目并指导完

---

① 李浪，张国平，吴佩林.我国硕士研究生入学考试科目改革［J］.理工高教研究，2004（3）：76–77.

成论文的教师"，向该教授提出自己的工作计划，并征求他的意见，这也是博士研究生招考的要求。导师对申请者有了初步的了解后，与申请者在招生阶段就有机会建立良好关系，从而为以后的学习和科研工作打下重要的基础。

3. 招生考试无过多限制

德国研究生招生采取申请制，申请者在进行申请时，既没有专门的入学考试，也没有任何时间的限制，更没有人员的限制，因为其本科毕业证书可成为获取研究生入学资格的相关凭证。申请者只要大学本科期间成绩够优秀，提供必要的学历证明和教授推荐信，导师认可后即可录取。当然，导师对申请者本科时期的结业成绩要求会比较严格，这也是其生源质量的重要保障。例如，海德堡大学社会学专业明确要求申请者本科阶段的结业成绩达到"良好"等级。

三、日本研究生招生制度及其特点

日本研究生教育自19世纪末创立之后，经历了近百年的坎坷发展之路。通过不断的教育改革与实践，现如今，日本研究生教育已成为其高等教育的重要组成部分，学科齐全、规模庞大的研究生教育体系日臻完善。作为与中国地理位置相近、文化传统相近的新兴发达国家，日本在研究生教育改革方面有许多值得我们借鉴的地方。

（一）日本研究生招考制度简介

1. 招生计划管理

日本作为新兴的发达国家，非常重视科技发展对于社会进步的作用。在扩大大学自主权方面，日本通过制定政策来保证大学自主权的实现，强调大学完全可以自主决定招生计划，按照自身需求去决定每年的招生规模与计划，各个大学以及各个学科有权力依照本学科专业的内在特性而决定每年的研究生招生以及培养规模。此外，在确定招生指标时要充分考虑导师的精力。为充分发挥各学院的自主权，日本没有统一的研究生招生标准考试，由各学院自行出题。

2. 考生申请报名

日本大学采用自治管理模式，在研究生招生过程中具备很大的自主性。日本大学在研究生招生时强调考生的考试成绩与研究能力并重。除此之外，考生还要提交一些资料，包括本科阶段的成绩表、报名调查表、入学志愿书、健康诊断书等。通常情况下，考生在报考研究生时要提交一份自己拟研究领域的计划书，通过此计划书导师一方面可以进一步测评学生的研究兴趣和研究动机，另一方面还能够考查考生的思维清晰度、研究计划的可行性和研究潜能等。与中国类似，日本也存在所谓的定向培养与委托培养研究生，不过这种类型的研究生通常仅仅参加面试，由导师判断其水平以及培养潜力，而不需要进行笔试，如果面试合格即可取得入学资格。①

3. 入学考试

日本大学一般在每年考试之前会公布招生计划。这样家长和考生可以根据招生计划了解自己所需的关键信息，包括各项目的报考条件、申报手续、考试日期、考试科目、招生定额和发榜日期等。同时，各个学院会根据各自的学科特色自主命题，包括外语水平测试（包括笔试和口试）、专业领域知识的测试。就外语水平测试而言，不同的学校形式一般不同，常见的形式是学科组老师在本学科领域的专业学术期刊中摘录一部分内

---

① 周广. 美国、日本、中国三国研究生招生制度比较［J］. 教书育人（高教论坛），2015（3）：78-80.

容，考生对文章进行笔译。笔译完成后，再由导师组织学生进行专业口语测试，一般涉及专业术语和普通交流两个部分。导师希望借助此种办法了解学生掌握学科的研究现状与前沿动态的程度，以及外文文献搜集及相关资料整合的能力。在专业知识的考查方面，主要侧重于专业基础知识和科学研究的基本方法。理科类考生通常是通过实验或者具体的操作来考查，而文科类考生一般是通过撰写论文的形式进行。考生在所列的科目中可以任选其一作为自己的测试科目，当然所选择的科目必须与所报考的方向一致或密切相关。笔试合格考生则可进入面试。通常而言面试的主考官是学生未来的导师。导师一般会要求学生简要介绍自己的研究领域，然后随机抽取其中的关键部分进行提问，学生即兴回答。[1]面试的目的是加深导师对于考生的了解，使导师能够从学生专业知识的储备情况、表达的流畅程度、逻辑的严密程度、思维的活跃程度等多个方面获得关于学生的充足的信息。

4. 正式录取

日本实行大学自治，大学各学部所属的研究科委员会有权定夺本校的研究生招生录取，录取标准和录取结果统统由他们决定。针对应届本科毕业生实施一般选拔制度，对在职人员则实施特殊选拔制度。一般选拔制度的流程是：首先进行资格审查，其次是小论文及外语能力测试，最后进行面试考核；对外国留学生要求相应的英语托福或雅思成绩，日语须至少通过二级能力考试。对在职人员实施的特殊选拔制度具有弹性化特点，各个研究生院一般根据实际情况自行设定，许多院校无须进行外语考试，考生只要通过资格审查和面试即可入学，面试内容主要包括研究计划、学习意

① 李文英，陈元元. 日本硕士专业学位研究生教育的现状及启示［J］. 学位与研究生教育，2020（3）：66–70.

愿以及相关专业资质情况，各部分所占分值依据学科特点而定，最终择优录取。[①]

（二）日本研究生招生考试制度的特点

1. 自主性提高

日本文部省颁布实行的大学设置标准中明确规定了研究生招生的事项，使大学在研究生招生方面具有很大的自主性。并且日本作为学习西方现代文明成功的典范在研究生教育改革方面取得了长足进步。入学资格的弹性化政策也体现了研究生招生考试制度的自主性。对于那些在大学学习3年以上，并完成了研究生教育所必需的本科课程学分的大学生，可以获得参加研究生入学考试的资格。

2. 遵循有序的规模扩大原则

日本研究生教育在20世纪取得了显著的进步，但与欧美等发达国家相比还具有一定的差距，为此，日本研究生招生考试在随后的高等教育整体扩张发展中呈现规模适度扩大的趋势，从而使人数有序地增长。1995年后，随着高等教育的发展，日本研究生在校人数不断增加，其年增长率基本保持在5%左右。这既符合国家高等教育规模扩张的需求，又符合高等教育自身发展的规律。这种有序扩大的原则为其研究生教育发展助力，也为日本经济和社会发展培养了大量的高素质人才。

3. 注重对学生综合素质的考核

考试内容多样化是日本考查研究生综合素质的一个重要特点，只有这样才能在研究生招生考试中全方位地对考生做出评价，因为仅仅

---

① 李文英，陈元元. 日本硕士专业学位研究生教育的现状及启示 [J]. 学位与研究生教育，2020（3）：66-70.

依靠考试成绩无法对一个人做出准确的判断与评定。一方面，通过外语考试测试考生是否具备紧跟国际社会发展形势、了解科研前沿动态的能力；另一方面，考查考生对专业基础知识与能力的掌握程度。这两方面素质是任何一个科研人员都不能缺少的。并且，通过这些科目的考查，导师对考生的逻辑思维、表达能力等进一步了解，从而为导师录取学生提供参考。

第五章　研究生培养方案管理

在知识经济时代，人才已成为经济社会发展的重要资源。高素质的人才关乎着学科发展的速度、学校内涵式发展的模式、经济社会发展的成果。而研究生教育是我国培养高素质人才的重要途径，承担着为社会输送高级人才的重任，因而，如何更好地培养优质研究生备受社会各界关注。

第一节　研究生培养方案的制订

一、研究生培养方案

研究生培养方案是研究生教育实施的依据，是研究生教育质量考核与评价的前提和基础，因此研究生培养方案的科学性、合理性、可行性十分重要。在研究生培养方案中，培养目标以及学制是由我国相关法律条例规定的，发挥自主性的空间不大，但是在课程设置方面，高校拥有的自主权相对较大。因此，科学、合理地制订研究生培养方案对推动研究生教育顺利实施、确保研究生教育质量有非常重要的意义。

二、影响研究生培养方案制订的主要因素

（一）决策层

决策层是研究生培养方案的制订者，他们掌握的不仅仅是对于研究生培养方案进行决策的权力，更掌握着一个专业、一个学院甚至一所高校、一个领域的人才培养的方向。因此，决策层需要具有大局意识、专业眼光，了解学科发展的前沿动态，以保证决策的质量。

在我国，获得制订培养方案的自主权之后，由于缺乏理论的指导，很多高校并不能高效地进行自主管理，自主权被误用滥用，导致研究生培养方案并不能适应学生的发展需求，或者设置的课程并不能很好地适应人才培养的要求。除此之外，还存在着由于决策层滥用权力，为某些授课教师开设不必要课程即"因人设课"的现象。不必要课程的开设，既浪费了有限的人力资源、财力资源，也可能会因为其课程内容陈旧、知识面过窄、课程体系不科学等导致研究生培养质量难以达到预期的结果。参与教育培养方案制订的决策人员对学科领域前沿研究动态的掌握和洞察力、对国内外以及校内外潜在的变革的敏感性都会影响培养方案的决策质量。另外，研究生群体作为研究生培养方案实施的直接对象，是方案的直接参与者，其在培养方案制订过程中的参与程度，也会在一定程度上影响研究生培养方案的科学性、可行性和最终的实现程度。

近年来，我国的研究生培养方案的解释权力大多由职能部门，如教务处掌握着，其向各学院发布研究生培养方案的指导思想、制定原则以及方案框架等。各学院成立各专业或者专业大类的研究生培养方案制订小组，吸纳专业骨干教师以及行业领域内的专家参与制订研究生培养方案。各学院开展市场调研以及毕业生调查，多方收集本专业或者相近专业的培养方案和实际效果，初步确定方案，并对备选方案进行筛选，最终将方案提交至教务处。培养方案的决策与制订是对人才培养进行的精细化的方案决策

过程，对于整个研究生培养体系都有影响。

（二）利益博弈

研究生培养方案制订过程中，存在着一些利益相关者群体，研究生群体只是其中之一，与研究生培养利益相关的不仅有研究生群体。人才最终是要面对社会需求的，社会需要人才，高校研究生教育应该在人才培养中对其给予一定的回应。因此，我国的研究生培养方案需要紧跟时代脚步，确定人才培养方向，对各方利益需求给予合理适度的回应。校企联合培养就是一种重要的回应机制。随着社会生产力的不断发展，经济结构在不断地发生着变化，与此同时，人才的需求也随之扩大。很多用人单位与高校合作联合培养人才，因而高层次人才的培养主体也发生了变化，不再局限于高校或者教育机构。高校培养研究生的根本任务是培养各领域需要的专业人才，进行国家社会发展所需要的问题探索和科学研究。但是，不论是培养专业人才还是进行科学研究，其最终目的都是服务社会，实现优秀人力资源的配置和利用。研究生联合培养，是高校满足社会需要高级专门人才的一种重要方式。

从研究生群体的角度来讲，研究生阶段是其从学生向社会人士过渡的阶段，是一段重要的成长发展历程，也是一段重要的社会适应性缓冲期和就业缓冲期。研究生进入社会所需要掌握的技能，不仅要通过学校的优质教育获得，也需要通过在用人单位进行锻炼和培训获得。基于此，研究生联合培养是对研究生进行明确指向性培训和提高其科研能力的一个重要手段。

在发达国家中，校企联合培养是一种较为普遍的人才培养手段和方式。例如，企业博士后制度就是积极发挥企业的培养主体作用，依托企业在本学科领域的研发实力与人才团队，以贴近市场前沿的科研项目作为育人载体，为产业界培养科研人才，创造大量具有学术价值的科研成果。[①]
我国于1994年学习借鉴了发达国家的此种人才培养模式，之后，校企联合
培养模式在我国得到了长足发展。但是校企联合培养也存在着很多弊病。
由于高校和企业之间的权利与义务不对称，彼此的诉求也不一致，导致很
多校企联合培养更多地流于形式，并且影响了培养方案的制订、实施、效
果评价。校企联合培养需要进行资源的有效交换和流通，对研究生所需要
掌握的技能、需要具备的科研能力都提出了要求，而研究生培养方案也需
要有针对性地依据人才培养目标进行调整，对课程设置进行优化，以适应
校企联合培养的要求。

另外，近年来，信息流动速度的加快也促进了各高校之间的校际合
作，推动了校际间资源的置换和共享，一定程度上为研究生中的优秀人才
提供了更多的教育资源和更广阔的平台。因而，相关专业在制订研究生培
养方案的过程中获得了更多的选择权，方案也更为复杂。

另外，当决策层中的某位成员的利益需求与培养方案存在利益冲突
时，其选择可能并不会立刻对研究生培养方案产生质的影响，但是当量变
达到一定的水平即当决策共同体中出现了另一种甚至几种利益倾向时，尤
其是当个人利益需求与培养方案的利益总体方向相互冲突时，利益群体的
选择和决定会直接影响研究生培养方案的最终确定与质量。

（三）学校与学科专业定位

制订研究生培养方案是为研究生提供教育服务的一个重要的环节，
其根本目的是通过提供更符合研究生发展需求的教育资源，实现培养高级
专门人才的任务。研究生教育是一种专业教育，是建立在本科教育基础
上的高层次专业教育。但本科教育中有通才与专才的争论，且到较高年

---

① 葛昀洲，赵文华. 美国研究型大学校企联合培养博士后管理体制分析——基于罗格斯
大学RPIF项目的研究［J］. 复旦教育论坛，2015（4）：94-99.

级时才会出现明显的专业界限。而研究生教育一直是围绕着专业来进行的，在19世纪初期，德国就有教授发表著作，证明了在大学中人才培养与开展研究相结合的重要性。随着社会生产力的不断发展，社会经济结构不断变化，研究领域也越来越广阔，专业分化越来越细化。研究生自获得入学资格起，便会选择一个相对具体的主题进行集中性学习，这充分体现了研究生教育的专业化特征。因此，不同的专业定位，对于教育资源的需求也是不同的，这不仅仅体现在课程的种类、硬件教育设备等资源上，也体现在不同的专业对于研究生不同的职业定位。另外，专业学位硕士与学术学位硕士，由于对人才培养的目标和定位不同，其教育模式也不同。近几年，社会发展对应用型人才提出了迫切需求，因此我国在对高层次人才的培养中也逐渐增强了对应用型专业学位硕士研究生的重视程度。从这个角度来看，以实践为方向的专业学位，在研究生教育阶段，需要为学生顺利进入社会从事专业工作做好充分的准备。对于专业学位硕士研究生群体而言，不仅专业基础理论知识是其必须掌握的内容，实践操作也同样重要，所以，对于不同类型的研究生要给予不同的课程设置，即研究生培养方案要符合专业发展和专业特色需求，要在共性、和谐的基础上尊重不同专业的特性。除此之外，相同的专业在不同的院系、不同的高校里的定位也是不相同的，特别是交叉学科，其以多个学科为基础，融合相关学科的理论知识。此类学科的教学重点，会因为学科所在院系、高校的不同而存在差异，所以这些学科的研究生培养方案也会存在差异。

（四）决策过程的规范性

决策过程的规范性会影响研究生培养方案的科学性。研究生培养方案的制订，是一个动态的过程。在方案制订过程中，如果对培养方案中存在的问题缺少调查和剖析，缺乏问题解决的意识，不能对高校和院系的特色进行分析，盲目对其他高校的培养方案生搬硬套，就会导致"千校一面"的现象。

　　另外，要保证培养方案的科学性，就需要对决策过程的民主性进行保证。并且从某种意义上来讲，决策过程中的民主参与度也是决策过程规范性的重要指标。培养方案要从研究生主体出发，以满足研究生的发展需求为重要前提，因而吸纳一些研究生代表进入研究生培养方案的审议层、决策层参与备选方案的拟订，会影响培养方案的决策结果以及培养方案具体的执行过程。

　　除了培养方案中的个别具体问题外，结构性的、系统性的方案筛选程序和审核程序也是影响培养方案和决策结果的重要因素。审核程序中的院系初步审核、教务处审核、专家审核、决议审核等环节也需要规范。筛选研究生教育备用培养方案时，也需要对决策层加以约束。当决策层与备选课程或者备选任课教师之间存在着一定的利益关系或冲突时，要保证决策人数和决策立场能够平衡或者除去不公正、不客观的判断对于课程设置的影响。由于私人原因或其他原因开设一些不必要的课程会直接影响研究生的到课率以及课程满意度。课程满意度首先影响的是研究生对于课程内容的接受程度，这关系到研究生在受教育期间对理论知识或者实际操作技能的掌握程度。课程期末考核的成绩会折合为成绩点来测量课程的实用水平，进而影响研究生培养方案的制订和修改。

（五）往期研究生培养方案的经验

　　研究生培养方案的制订不仅是一个动态的过程，也是一个不断完善的过程，没有完美的、一成不变的、一劳永逸的研究生培养方案，目前我国对于人才培养方案的要求是"三年大修，一年小修"。修订的依据之一就是往期研究生培养方案的历史经验和出现的问题。通过对往期研究生培养方案中的目标设置、课程设置进行考核评估，研究存在的问题并对现今培养方案进行修订。

（六）其他外部因素

研究生培养方案的制订也是一个信息资源不断流动的开放过程。在方案制订过程中只要有信息资源的输入，就有可能对研究生培养方案产生影响，外部因素的不确定性也会对决策过程产生影响。

1. 教育资源储备实力

我国地域广阔，不同地区之间的经济发展状况存在着一定的差异，而区域经济状况是区域教育水平的决定性因素，因而不同地区的研究生教育也会呈现出不一样的特点。在知识经济时代，各国都更加重视研究生的培养和发展，希望能够实现区域内经济的个性化发展和高速崛起。要想培养高素质、高水平的研究生，经济条件是重要的物质保障。

首先，不同的地区、不同的经济状况，对人才的培养和类型会有不同的需求，并会在一定程度上影响当地高校对人才培养的方向。例如，在经济较为发达的地区，区域内部的产业结构更加高级，以第三产业为主导，以第一、第二产业为辅助，因此会需要大量的复合型人才。区域经济发展特点对研究生的培养目标提出了一定的要求，同时也对区域内高校的研究生培养方案提出了要求。

其次，高校在社会中立足发展，高校与高校之间的经济实力存在着一定的差异，这种差异也会影响研究生的教育与培养，影响研究生培养方案的制订。高校的经济状况会直接影响各专业的科研经费的情况，决定了各专业对优秀师生资源的吸引力。对于某些应用型专业，经济状况决定了各专业内部科研成果的产出水平。当科研经费充足时，会吸引足够的优质人才，优秀课程开设的可能性和价值会得到一定的提高。对于应用型人才的培养，实验技能的获得和实操技术的掌握是十分重要的，因此在研究生教育过程中对实验类课程的开设也是十分必要的。教育资源的储备以及相关基础硬件设施的建设情况会影响课程的开设。实验器材的有无以及精准程度、试验场地空间的大小、绘图计算的准度及精度等问题都会影响课程开设，也会影响实践操作技能授课的体验感和获得感。再如，学科教学相关专业的研究生，不仅需要教育学相关理论知识的习得，也需要一定的平台和资源空间进行模拟授课、仿真授课乃至授课实习的经验积累。学校院系平台资源的有无会影响相关培养方案的制订。对于人文社科类专业的研究生来说，学术与科研资源也是制约其发展、影响培养方案的重要因素。雄厚的科研实力和丰富的科研资源，不仅能够为研究生教育创设良好的培养条件，还能够激励高校培养更优秀的研究生。优秀的平台资源能够为研究生提供获取前沿科研数据、了解前沿科研方向的渠道，同时其也是一种隐形的激励工具，能调动研究生积极进行科研活动，提高研究生的自我要求，从而影响其对自我发展的规划，一定程度上会影响其对高校或者院系的教育资源的需求。因此，要建立科学合理的研究生培养方案，就需要充分了解研究生群体要求，征询意见并进行分析，以调整甚至重新制订培养方案。

另外，教育资金状况会直接影响师资队伍的质量。在研究生培养方案的制订过程中，经济条件也就是资金的储备是实现目标的现实性条件。研究生教育培养的资金是否充足，是决定研究生教育水平的关键性因素。除了学校的硬件设施和物质资源外，师资队伍也是影响研究生教育水平的重要因素之一。若高校资金较为充足，就可以引进发展研究生教育所需要的人才，研究生培养方案制订受到的限制将会有一定程度的减少，高校在研究生培养方案制订过程中拥有的自主性较大，制订出一份满意度较高的方案的可能性也较高。相反，如果高校的资金储备情况不理想，基础设施以及一些刚需资源不健全或者存在质量问题，就会影响研究生培养方案的制订。影响高校吸引优秀人才建设高质量师资队伍的因素，还包括学校能够提供给教师的发展空间，能够给予优秀人才的学术自由的空间。给予教师一定的学术自由和鼓励政策，可以在一定程度上吸引人才，通过优秀人才补足经济短板，进而影响人才储备、教育培养方案的制订。

2. 有关教育政策的发布和变动

教育政策变动影响着高校人才培养的目标设置。国家、地方的相关教育政策既是研究生培养方案制订的依据，也是培养方案制订的保证，对课程设置以及教育资源配置都会产生一定的影响。例如，教育政策根据社会人才的需求类型调整研究生的招生比例，进而影响高校各类各专业研究生的招生人数和相关比例。当研究生的数量与比例发生较大变化时，不论是基础设施和空间资源的配置还是对于学分的相关规定都会不同程度地受到影响，从而影响研究生培养整体方案。我国目前针对社会对于应用型人才的需求，采用专业学位和学术学位并行的人才培养模式。设置专业学位是为了更大限度地满足国家与社会的需要，其建立在我国传统的学术学位培养模式基础之上，是侧重研究生教育实用价值的培养模式。但是，这一培养模式并非对所有的学科进行学术学位和专业学位的简单划分。学术学位的设置确保了基础研究的持续进行。从国家层面来说，学位与研究生教育的管理除应满足当前需要外，还要坚守和扶持一些基础性、传统性且符合长远发展的学科专业。应用性学科专业虽然向市场输入了优质的人才资源，在合理、适宜的人才培育期后可以减轻国家资源的投入压力，但是在政策规划上仍然需要一些正确的价值引导和顶层设计。虽然处于不同的研究生人才培养模式下的人才培养目标会有不同，课程设置也会有所侧重，但是交叉学科和特色课程仍应根据国家对于应用性学科的战略性需要，及时进行结构性改革，培养高层次人才。

另外，国家教育政策也会对研究生培养方案产生影响。具体而言，"文革"后，在研究生培养工作恢复与发展时期，研究生培养群体主要是高校教师资源和科研工作者，主要输送地是教育单位与科研部门，而培养目标也是遵循学科需要而确定。而后，随着研究生规模的不断扩大、数量的不断增多，人才紧缺的局面被打破，于是，1988年全国高等教育工作会议提出，研究生的教育培养工作应通过对教育培养方案和培养制度的变革性发展以及对培养制度的进一步改革，逐步实现培养类型、培养规格以及培养途径的多样化，以适应社会主义建设对高水平、高层次专门人才的需要。而研究生培养政策的制订本身也是一个动态的过程，其产生、发展与革新也随着时代发展在发生着改变。因此，在国家的教育大环境中，政策走向、人才政策的变化也会对研究生培养方案的制订产生影响。人才政策的走向和变革，会对研究生培养方案的机动性和弹性提出一定的要求，影响人才培养目标的设置以及学术科研课程设置的比例。相关教育政策和规划，会通过对教育相关岗位的数量、职级、结构、素质比例等的控制和管理，影响区域高校的人才引进。

三、研究生培养方案的优化路径

（一）决策人员的结构优化

要确保研究生培养方案的科学性，需要在一定程度上保证教育培养方案决策的民主性。研究生作为培养方案的直接主体和推进研究生培养方案优化的根本群体，其应该在方案的决策和制订过程中享有一定的话语权，表达合理的教育诉求，提出符合自身发展要求的教育资源配置方案建议。研究生群体在表达诉求意见时，应该积极行使权利，对课程设置的具体内容，如必修课程、选修课程的安排以及具体课程的开设等问题，积极地建言献策，为研究生培养方案的决策者提供合理的备选方案。另外，研究生培养方案的决策人员需要具备过硬的专业素质和长远的目光，能从专业视角出发，为科研人才和学术人才的培养提供决策意见与建议。要积极搭建研究生培养方案制订的沟通平台，促进决策人员对外界信息意见的接收以及决策人员之间的信息交流。与此同时，对于相关政策方案的决策行动，传统上是从"理性人"的假设出发，认为理性是人们分析问题、做出决策的基础，把政策制定理解为一个线性和直接的"理性过程"。[①]但是当决策参与者作为个体参与研究生培养方案决策共同体的时候，无法保证所有审议决策人员与决策共同体的利益完全一致、永远不与共同体的利益发生冲突。比如，为了适应社会的发展以及相关参与者或明或暗的利益追求，研究生培养方案中的课程设置也在不断地进行变革和调整，现实中的课程设置的相关安排决策往往具有明显的镜像政治色彩，即更像是一场政策表演，政策存在的意义主要是为了象征表达，而不是为了实际的收益。[②]基于此，为了尽可能保证决策过程的"理性和客观性"，高校和院系应当对研究生培养方案的相关决策人员进行意见调查，尽可能保障方案构建过程中决策人员的利益取向不会与最佳决策方案产生冲突。我国大多数高校研究生培养方案制订过程中行政权力参与频率要高于学术权力，导致培养方案的民主性与科学性都得不到相应的保障。因而，高质量的研究生教育方案的制订需要扩大学术权力的参与度，不仅要发动广大师生参与讨论，更要在培养方案制订全程中保证学术实质性地参与，学术和民主要通过获得一定的自主权力和决策空间落地，不能由行政权力象征民主，造成科学决策的幻象。职能部门应该将目光放得更加长远，走出培养方案决策的民主陷阱，回归方案制订的根本，从培养、造就人才出发，鼓励专家和专业人才切实参与，给予其学术权力，切实把以学生为本和培养人才融入研究生培养方案的价值取向中。高校和院系也应该推动本校、本院系学术科研能力的提高，要适度鼓励人才的对外交流，促进决策人员掌握学术前沿的趋势，构建适宜的课程体系，这是高校促进研究生教育、适应社会发展的核心要务。

---

① 周光礼.公共政策与高等教育——高等教育政治学引论［M］.武汉：华中科技大学出版社，2010：62.

② 皮武.大学的课程决策陷阱：基于镜像政治视角的分析［J］.现代大学教育，2014（1）：1-6，111.

（二）研究生培养方案的制订与过程规范

研究生培养方案的制订是一个动态的过程，方案决策与制订的每一个环节都会对研究生教育最终的培养方案的科学性、合理性产生着影响，进而影响研究生群体的学术素养的提高。研究生群体专业素养的提高与否、提高程度影响研究生培养方案的相关评估。高校教务处为各学院和专业提供研究生培养方案制订的指导性意见，提供研究生培养方案制订的基本原则和要求。各学院和各专业要谨遵总体要求，按照规定的程序，进行意见采集和深入调研。要加强整个决策制定过程中的监督审议，行政权力过渡干涉决策会使方案的科学性、民主性大打折扣，但是在决策过程中，一方面要向学术放权，另一方面要运用行政权力对于意见的征询采纳和课程决策的相关细化环节进行管理监督，促进行政权力与学术权力相互合作，使得民主能够科学化、规范化地落地。另外，要对培养方案的制订过程进行必要的简化与细化，对于书面性和重复性的报告材料等进行流程上的简化、合并，但是对于申请评议的重点内容，如培养计划所涉及的师资队伍、专著教材、实验设备、实操场地等进行详细的报备。进行培养方案的评议时，要注意对申请评议方的积极性的保护和调动，开会讨论和团体决议时要给予被评议者充足的讨论和答辩空间，使其积极性能得到充分的发挥，最大程度上听取不同方面的意见建议。对培养方案的审议决策要在科学的评价指标下进行，建立合理的三维度（培养目标的确定、课程内容的确定、课程机构的建构），进行科学而公正的判断评价。不同类型的高校有不同的人才培养目标，但是优秀的培养目标需要符合四个标准：一致性、独特性、可行性、前瞻性。[①]对培养目标的评价要规范化地按以上四个标准进行科学的评判，不但要基于现实而且要尊重个性。课程内容的选择也要从目的性、可行性

---

① 陈明学.规范高校人才培养方案评审过程的思考［J］.江苏高教，2011（1）：96-97.

等方面进行科学的评价与判断，来谨慎决定课程内容的取舍，从而构建有序、灵活而又平衡发展的课程结构。

（三）研究生培养方案决策机制要灵活

对于高校而言，其永远不能脱离外部环境而独立存在，高校与外界的边界是能够与外界进行资源交换、信息往来的选择性边界。虽然有选择性，但是并不能避免外界所带来的影响。对于高校而言，要想求得自身的稳定和持续发展，对研究生培养方案进行科学制订，需要一定程度地去影响能给自身带来影响的环境因素，也需要主动地调整内在机制，提高对不确定因素与动态环境的适应力。教育政策变动时，便对研究生培养方案提出了适应性跟进的要求，当政策变动幅度不大时，可以通过对教育培养方案进行必要的修订来适应政策环境的变化。研究生培养方案修订的初衷是使方案更加完善，与变动的环境之间的相互配合更加协调，但是，目前我国高校普遍存在着"为了修订而修订"的现象，这种盲目的修订看似在紧跟国家的指导步伐，但其实是对高校自身发展、对研究生群体的发展不负责任。因此，研究生培养方案要灵活适应环境，对于校企合作的联合培养，高校应站在自身需要的立场上，与用人单位开展合作，以学生发展为本，以人才的应用为导向，进行研究生培养方案的修订。研究生培养方案是在多方影响下，经过讨论决议产生的人才培养方案，要有培养特色和基本要求，但是也应该能够跟随时代环境变化和政策更迭不断进行完善和调整。

第二节　研究生培养方案的执行与保障

一、研究生培养方案执行的阻力

研究生培养方案的执行是将培养方案中的目标设置和相关课程安排付诸实践的过程，执行环节直接影响了教育培养方案能否发挥其应有的价值，决定了研究生群体能否通过方案安排的课程学习达到提高素养、增强科研实力的目的。当研究生培养方案得到了很好的执行时，能够在可控范围内促使高校为收到较为理想的培养成效而采取更加科学有力的措施，能够最大限度地调配已有的教育资源进行人才的培养。但是研究生培养方案在执行过程中难免会出现一些问题，从而出现方案无法达到预期效果的情况。

（一）对研究生培养方案的内涵缺乏深刻理解

研究生培养方案的制订从根本上说是为了培养适应社会发展需要的优秀人才，这是高校承担的一种社会责任。但是，在教育培养方案的执行过程中，会有师生因为对研究生培养方案的不认同、不理解进行消极的抵制，不按照培养方案进行教育活动。如部分研究生会质疑和抵触方案中的课程设置，对于某些心理健康课程和专业课以外的课程不重视，不认真进行学习甚至逃课，使得高校耗费人力、财力资源设置的课程无法收到预期的效果。当研究生不理解课程设置的目的和意义时，会对课程产生负担感，会消磨他们进行科研的热情，甚至会产生适得其反的效果，让课程的价值大打折扣，特别是当课程时间与研究生其他活动如找工作、实习时间相冲突时教学效果更差，同时，也会对授课教师和其他同学的情绪造成一定的影响。同样地，对于负责课程讲解的老师来说，课程的开设是建立在培养人才、完成身为教师的社会责任的基础之上的，但是随着当今科研环境的变化以及高校对教师考核要求的变化，教师的精力需要同时集中于教学与科研，二者不可避免地要发生冲突。对于高校而言，只重视科研而忽视教学职能，高校便无异于科研机构；若单纯重视教学，忽略科研的进展，则不利于高校的内涵式发展。教学、科研是高校的核心职能，但是很多学者会认为二者之间存在着冲突和矛盾，不能兼顾。针对教学与科研的关系，魏红等人认为二者存在正相关关系[①]，并指出科研成果和教学效果呈现较显著的正相关。因而，不能将培养方案中的课程设置看成科研的阻力和负担，从而对研究生的课程教学以应付公事的态度去执行，这样会使得课程设置收不到良好的效果，使得培养方案的推进和执行受到阻力。

（二）执行新的研究生教育管理方案时相关人员存在一定的惰性

当相关教育政策和社会人才培养趋势发生变化时，高校或者学院需要对研究生的教育培养方案进行适当的修订，甚至进行改革。但是，任何方案的执行包括研究生培养方案的执行都存在着一定的政策惯性，从初步执行，到执行已修订或者已经改革的方案，人们需要一定时间进行过渡。在环境开始出现变化的初期，不定性也会增加。在不确定的环境中尝试新方案时，不仅仅决策者要承担一定的风险，方案的执行参与者也需要进行新的适应，也会承担一定的风险。而处在过渡期的培养方案的参与者，往往会因想减少风险与存在变革的惰性和抵触心理而拒绝执行修订后的方案。变革本身就是一种尝试，成功与否都有经验和教训可以吸收。修订或变革新方案意味着相关的监督评估程序也要随之进行调整。方案执行的惯性不仅体现在方案执行本身，也会在一定程度上影响相关制度的变革，产生联

---

① 宋金刚，游邀，林莎.基于"科研反哺教学"视角下的课堂改革思考与实践［J］.广东化工，2020（22）：216–217.

动的制度惯性。

研究生培养方案的执行并不总是合乎预期的、高效的，其受到的阻力来源也是各方面的，并不局限于以上列举情况。

二、研究生培养方案的高效执行内生动力

（一）充分调动方案执行人的主观能动性

可通过对研究生培养方案的多方参与者如教师、研究生、培训专家等进行相关的培训和一些课程开设的解读来促进他们对于课程开设的正确认识。对于研究生来说，一方面，要保证其按照一定比例参与研究生培养方案的制订，使其以一种科学、合理的方式表达需求与立场；另一方面，在导师负责制下，可以通过加强导师与研究生、年级辅导员与研究生的沟通和交流，来进行对于课程开设、课程讲解进度等相关方面问题的讨论，保证其表达意见的渠道畅通。另外，要在课程内容上进行有针对性的建设，向研究生解读培养方案中课程设置的意义。研究生培养方案面对的是一个专业或专业大类内的所有研究生，不存在特殊待遇，以最适合研究生群体发展为前提基础，尊重研究生的个性，但是也需要对研究生进行思想上的引导。对于教师的能动性调动，要给予其适当的学术自由，保证教师所必需的科研时长与条件，这是教师能动性地进行课堂建构和课堂效率改善的前提与基础。教师科研、教学考核的压力，需要转化为教师进行科研探索、学术创作的动力。教学与科研应该是对教师进行考核的两个方面，而不是成为一种倾向性选择。给予教师进行科研的便利条件，是调动其在研究生教学课堂上的主观能动性的一种重要手段。

作为研究生主要的负责人，导师和辅导员要与研究生建立和保持良好的沟通，他们不仅是研究生学术的引路人，也是研究生健康发展的推动者。对于研究生学习课程的积极性的调动，导师和辅导员应该从研究生的立场出发，多进行精神上的鼓励支持与积极引导。

（二）鼓励方案执行人员参与方案修订变革

方案执行的效果最终取决于方案参与人员。要想方案顺利推进，就要保证参与人员的实际参与度。当研究生培养方案进行修订和变革时，参与人员的知情权需要得到保障，参与人员对于计划方案的变动拥有发表意见的权利，同时也拥有保留意见的权利。高校可以通过决议和通知的形式向参与人员分析环境变动所带来的利害关系和对人才培养的影响，对变革的原因、变革前后的培养方案进行对比和分析，以获得其理解和支持，调动其参与修订培养方案的积极性。

（三）资源的良好流动

研究生培养方案的执行，需要良好的资源流动提供内在动力，助推研究生的高质量培养。高校要重视学术资源和科研平台的资源提供，高校、学院、专业发展前景越明晰，越易转化为内生动力，助推研究生培养方案的高效执行。良好的教育资源支持，会给师生科研团队带来一定程度上的学术自信，在对专业领域的探索上也会生发出更具创造性的成果。

三、研究生培养方案的外部执行保障

（一）制度保障

研究生培养方案要想被顺利推进执行，需要被放在制度框架内进行监督考核。

首先，培养方案执行的权责制度要落地施行。高校应该建立研究生培养方案执行和推进制度，明确划分权责，以应对研究生培养方案执行中出现的突发性问题。建立质量问题约谈机制，当研究生培养方案在推进执行中出现问题时，能根据权责制度快速确定相关责任人。责任人要在尽量短的时间内，提出合理的解决办法。要引进外部监督机制，通过外力的干预，保证培养方案的执行。要想解决教育培养方案中的问题，就要将利益束缚在制度框架内。能破格局、立规范，就必须依靠法治思维推进整体改革，依靠顶层设计强化制度建设[①]，削减主观性和个人利益纠纷对方案执行的冲击与影响。

其次，在我国高校的研究生培养质量保障制度中，行政化导致一些问题出现。我国研究生教育的相关质量保障制度，为研究生培养方案的有效执行提供了制度保障，但就目前而言，我国研究生教育质量保障制度过于强调行政化管理，导致师生科研共同体受到行政管理体系的约束较多。研究生的教育培养有目标并不意味着培养结果是前置确定的，但是在行政主导和计划控制体制下，往往倾向于假定培养过程是确定的、结果是确定的、手段与结果之间的线路也是确定的。[②]因此，为了推进研究生培养质量的提高、保障培养方案的高效落实，高校要尽快解决制度同构问题，保障学术科研的相对独立性，让师生在行政管理体系、学术共同体乃至社会体系中，享受学术的自由，感受到制度为科研发展带来的保障。

（二）评估体系保障

建立科学、客观的监测评估体系，在保证信度和效度的同时，对研究生的培养质量进行评估与反馈，是培养方案执行的保障。评估监测的实施步骤一般为：在监测前进行目标的确定，根据研究生培养方案的监测重点制订完整的监测评估方案，将评估目标进一步具体化、可操作化，并设计出指标体系，最终对目标数据进行收集、整理、分析。对于培养方案与质量的监测不应只局限于专业内部，也要关注研究生培养的社会反馈，如根

---

① 李冉. 提高马克思主义理论学科研究生培养质量要善于用好研究生培养方案这个抓手 [J]. 思想教育研究，2019（7）：86-88.

② 郭建如. 我国高校博士生教育质量保障：制度与文化分析 [J]. 高等教育研究，2012（6）：41-51.

据媒体的大数据，对研究生教育给个体发展带来的潜在影响进行监测①，客观分析研究生培养方案被研究生群体接受的程度，保障培养方案的健康运行。

（三）技术保障

不论是培养方案制订中对相关信息的了解分析还是执行过程中的监测评估，信息技术都是不可缺少的数据获取手段。研究生教育中所需要进行的常态化监督和一些课程内容都需要依托现代信息技术。随着信息技术的不断发展进步，大数据也应运而生，研究生的教育管理也进入了信息化时代。比如，研究生培养方案需要跟随时代发展的脚步进行准确的信息捕捉，及时发现方案执行过程中的痛点，尽早发现特殊个体的特殊需求，以使培养方案更好地执行。2015年8月，国务院发布《促进大数据发展行动纲要》，指出："大数据作为提升政府治理能力的新途径，深刻影响资金、技术、人才等各类领域。在教育领域中，要积极探索大数据对变革教育的影响，提升教育质量的功用。"对于高校来讲，大数据能够在尽量少的人力资源支持条件下及时获取一手动态数据，保障培养方案的课程走向、师资队伍优化情况、研究生学位论文质量等信息反馈的时效性，提高培养方案的执行效率。比如，大数据作为信息技术手段，可及时帮助高校了解学生对课程的意见和建议，深入分析国内外优秀高校同学科的课程体系，分析优秀教师的授课内容和授课方式，对学科前沿进行实时监测。②大数据为研究生培养方案的执行、监测提供了技术保障，各高校、院系等培养单位要做好相关配套，从而实现方案的高效执行与优化。

而今，研究生培养质量受到社会各方面的关注与监督，研究生的教育

---

① 王战军.高等教育监测评估理论与方法［M］.北京：科学出版社，2017：12.
② 曾栌贤，林江莉.大数据时代研究生培养质量保障体系的优化路径探讨［J］.教育教学论坛，2020（32）：151–153.

与培养也面临着空前的压力。优化研究生培养方案，对于高质量的人才培养是十分重要的。培养单位应从研究生培养方案的制订开始做好全环节的质量监测，处理好各方利益，加强对研究生教育的内部催动与外部保障，真正让优秀的培养方案落地，保证高质量、高层次人才的储备。

第六章　研究生思想政治管理

　　研究生是教育的最高层次，是培养创新型人才、助推社会主义现代化建设的重要手段。而各高校的思想政治教育工作关系着其培养什么样的人以及如何培养人、为谁培养人的问题。

第一节　研究生思想政治教育的基本内容

　　为增强和提高研究生的思想素质，《关于进一步加强和改进研究生思想政治教育的意见》明确规定了思想政治教育的基本内容。思想政治教育的基本内容帮助研究生形成一定的思想观念和道德价值规范，对研究生的发展具有重要作用。

一、以理想信念教育为核心进行正确的"三观"教育

　　要坚定地用马克思列宁主义、毛泽东思想、邓小平理论、"三个代表"重要思想、科学发展观及习近平新时代中国特色社会主义思想丰富研究生的头脑，使其深入学习党的基本理论、基本路线等成果，深入学习百年党史，引导研究生主动学习与了解基本国情和国内外形势，使其掌握社会发展变化规律，积极承担研究生的责任与义务，在党的领导下坚持"四个自信"，助力中国早日实现"中国梦"。

　　理想信念教育是研究生思想政治教育的核心部分，是驱动研究生朝着目标不懈奋斗的强大力量。以理想信念教育为核心，一是要教育研究生坚定对中国共产党的信任。没有共产党就没有新中国，就没有中国特色社会主义。更要教育研究生在中国共产党的领导下，努力学习、工作，密切联系人民群众，为祖国发展贡献自己的力量。二是要教育研究生树立走中国特色社会主义道路的坚定信念。改革开放以来的历史证明了中国特色社会主义符合中国的基本国情，符合全国各族人民的利益，是中国发展、富强的必由之路。只有坚定中国特色社会主义道路的理想信念，才能与祖国同发展共进步。三要教育研究生树立实现中华民族伟大复兴的坚定信心。改革开放以后，我国不论是在经济方面还是在教育方面都迅速发展，取得了令世界震惊的成绩，为中华民族伟大复兴奠定了基础，但中华民族伟大复兴需要一代又一代的青年人去奋斗。

二、以爱国主义教育为核心进行弘扬和培育民族精神的教育

　　爱国主义是中华民族最具凝聚力和号召力的思想旗帜。对研究生进行爱国主义教育要利用其经常性以及广泛性的优势，将其渗透到学校课程及校园文化之中，切实增强对研究生的爱国主义精神。

　　首先，增强对研究生的国家主权意识教育。国家的主权对于国家发展是至关重要的。要使研究生在平时学习、生活及工作中，维护国家利益和民族利益，正当地捍卫国家的主权。其次，国家安全意识教育与国家主权意识教育是紧密联系、不可分割的，要增强对研究生的国家安全意识教育。当前，国外的恐怖主义等在威胁着世界安全，同时也存在很多宏观层面以及微观层面的安全影响因素。因此，要教育研究生在维护国家主权的基础上也要维护国家安全。最后，当前是信息化时代，研究生极易被外部的信息干扰。爱国是感性的，但是在感性之余更需要理性，故要加强对研究生的理性爱国教育。当今时代，各国不断交流合作，相互依存，研究生

要将感性认识与理性认识相结合，正确地用理性的思维去看待问题。

三、以基本道德规范为基础进行公民道德教育

2001年颁布的《新时代公民道德建设实施纲要》提出"在全社会大力倡导爱国守法、明礼诚信、团结友善、勤俭自强、敬业奉献"的基本道德规范。切实提高研究生的道德素质，促进研究生的全面发展，符合"培养一代又一代有理想、有道德、有文化、有纪律的社会主义公民"的目标。改革开放以来，精神文明建设和道德建设也一直是我国社会主义建设的重要组成部分。

首先，要对研究生开展社会公德教育。考虑到研究生群体大部分时间是处于学校的环境之中，所以要教育研究生在平时学习及生活中，养成良好的行为习惯，爱护校园的公共物品及财产，学会合理利用并维护公共资源，遵守学校内各个场合的具体规范。社会公德能充分彰显出一个人的文明素质。

其次，要对研究生进行职业道德教育。研究生终究要投身社会，参加工作。此时的职业道德教育至关重要，要引导研究生了解并坚守职业道德，做到爱岗敬业、诚实守信等，纠正他们对职业以及就业的一些错误或片面的认识；更要鼓励研究生具有奉献精神，端正工作态度，为自己的良好发展打下基础。

最后，要对研究生进行家庭美德教育。每一个家庭都是一个小家，我们的国家是一个大家，只有小家和谐，社会才能稳定，大家才能不断进步、不断发展。每一个人都是家庭中的一员，都有义务好好经营自己的家庭，好好对待自己的家人。因此，要教育研究生牢记以尊老爱幼、男女平等、夫妻和睦、勤俭持家、邻里团结为主要内容的家庭美德。

四、以研究生全面发展为目标进行素质教育

对研究生进行素质教育，就是要教育研究生在努力学习的同时，积极参与社会实践活动并敢于创新与奉献，做社会主义"四有"新人，积极承担社会责任，为国家发展做出自己的贡献。对研究生进行的素质教育，包括民主法治教育、人文素质教育、科学素养教育及身心健康教育等方面。

首先，对研究生进行民主法治教育。我国正处于民主法治建设的重要时期，十分重视法治建设。因此，对研究生进行民主法治教育，就是要使研究生加深对相关法律的了解，使其知法、懂法、守法。

其次，对研究生进行人文素质的培养。人文素质对研究生世界观、人生观和价值观的形成具有重要作用，还会在一定程度上影响研究生的道德品质、行为规范等方面。培养研究生的人文素质就是要让他们学会如何处理与人、自然、社会等方面的关系。引导研究生从人文视角来看待一些问题，向他们传递一些人文知识。

再次，要提高研究生的科学素养。针对研究生群体的特殊性，科学的思维方式和精神更是必不可少的。要引导研究生树立科学的观念，具有一定的科学文化知识。不仅要让他们掌握具体的科学手段、工具，更要转变观念，培养科学精神，增强动手解决实际问题的能力。这些可以依托课堂教学、课外实践、专题讲座、科技竞赛等形式来完成。总之，提高研究生的科学素养，旨在提高研究生发现问题、解决问题、动手实践、语言表达以及创新等方面的素质。

最后，研究生身心健康方面的教育也要重视。当前，研究生面临着众多的压力，如学习、生活、科研、家庭及社会等方面的压力。健康的身心素质是研究生开展其他活动的前提。要教育引导研究生在保证身体健康的情况下，明白不断学习的目的，能够运用正确的学习及科研方法，更好地充实和完善自己。现在有违学术道德的事情时有发生，要教育研究生提高

自己的学术修养，绝对不做有违法律和学术道德的事情。每个人一生中总会经历很多的成功，也会有很多的失败。所以要教育研究生正确看待人生中的成与败，无论是什么，这都是人生中宝贵的财富，要在良好、乐观心态下，不断提高、不断进步。

第二节　研究生思想政治教育的时代内容

现代社会迅猛发展，不仅经济、政治、文化有了改变，人们的思维和想法也发生着巨大的变化。研究生的思想政治教育质量，不仅与高质量人才队伍建设息息相关，更关系到党和国家未来的发展。

研究生思想政治教育工作总是带有时代的烙印。如今的思想政治教育更加关系着研究生的道德素质。我国正处在快速发展社会主义事业的关键时期。国内外各种思想和潮流彼此冲击，对研究生的思想道德产生了影响。对研究生进行思想政治教育，培养研究生的理想信念，是研究生"三观"形成的重要条件，有利于提高研究生的道德素养，形成良好的品格和个人修养，也能帮助研究生准确辨别良莠不齐的信息，做出正确的判断。研究生是我们国家急需的人才，对研究生进行思想政治教育的内容，应符合现代社会发展的需要。因此，时代又赋予了研究生思想政治教育新的内容。

一、生命价值教育

生命价值一直是人们关注的热点话题。在快速发展的现代社会，研究生一方面要承受来自各个方面的压力，一方面要追求好的工作和生活。而个别高校中出现的自杀、跳楼等事件，不得不引起高校的重视。在研究生的思想政治教育中，应该加强生命价值观的教育，要在积极、健康和进步的主流思想基础上引导研究生形成正确的生命价值观念，避免一些错误认识，以免引发不可挽回的后果。所以，对研究生进行生命价值教育是研究生思想政治教育的重点。生命价值教育应包括以下两方面内容。

（一）重视生命，珍爱生命

自杀、跳楼等事件的发生，迫使研究生思想教育工作者思考生命价值教育的意义。每一个人的生命都是珍贵的，是什么原因让这些人轻而易举地放弃了自己的生命，令人深省。究其原因，还是其生命意识薄弱。

首先，要使研究生了解并认识到生命是宝贵的、不可逆的以及不可替代的，可能一刹那的想法就会造成无法挽回的后果。要教育研究生在珍惜自己生命、尊重自己生命的同时，也要珍惜、尊重他人的生命。每一个人都是独一无二的，不管是成功还是失败，每个人的生命都是富有意义的，每个人都应该充满自信。

其次，要教育研究生正确看待生命中的得与失、成与败。在这个世界上，每个人都不会永远一帆风顺，有来自各方面的压力，有数不尽的麻烦或者困惑。重点就在于自己是怎样看待生命的，选择用什么样的方式来走完这一生。经常有学生抱怨活着没意思，对什么事情都消极对待，也有一些学生自暴自弃。针对这种现象，更应该教育研究生要正确看待生活中的得失成败，面对成功，不要骄傲，更要积极地进取；面对失败与挑战，要学会坚强，学会冷静，勇敢地面对，要始终保持积极向上的人生态度。

最后，要教育研究生树立正确的生命安全观。要时刻保证自己的生命安全，在这一前提下，再去帮助别人、关心别人。教育研究生要时刻谨记，人首先要活着，再在此基础上进一步提升生命的价值。

（二）学会自我调节

随着社会的迅猛发展，竞争也日益激烈。研究生在学习、生活、情感等方面存在着不同程度的压力，不可避免地会产生一些心理方面的问题，如果不加以重视，他们可能就会做出危及生命的错误决定。

第一，可以通过课堂教育的形式，将研究生个体和群体相结合，开展心理健康及生命价值教育，普及相关的知识。也可通过心理讲座来提高研究生的抗压能力。

第二，除了课堂教学以外，还可以鼓励研究生积极参与专业实习、社会实践等活动，增强思想政治教育的实效性，使校内和校外相结合、理论和实践相结合，促进心理的健康发展。

第三，加强导师对研究生心理的指导作用，引导研究生要以积极的心态、健康的心理面对人生。现在大部分高校都实行导师负责制，可以更好地发挥导师的作用。

总而言之，形式多样的教育方式能提高研究生的心理调节能力，使其拥有健康的心理状态。

二、主体责任意识教育

责任意识是指主体在一定状况下了解自己的角色和社会要求，规范好自己的行为，以使其和社会所要求的情感、目标等一致。这是每个主体对自己角色以及相应职责的感知和自觉，同时会产生一种自我约束的作用，从属于社会意识的范畴。研究生的主体责任意识是指其在承担相应的责任、履行相应的义务的过程中，产生的会指导其行为的道德意识，主要包括责任感和责任心两个方面。对研究生进行主体责任意识教育就是要引导研究生形成作为主体的内心责任感，在对自己负责任的基础上，对他人、社会及国家负责。

首先，要强化研究生的主体责任意识。无论是在学习还是在生活中，都要间接培养这种意识，只有时刻谨记在头脑中，才能体现在平时的行为中。

其次，对研究生进行主体责任意识教育时，要丰富教育的内容和形式。内容方面，要从各个角度使研究生增进对这种意识的了解。除此之外，要创新教育的形式，如采取联动的培养模式。

最后，要重视教师的引导作用。导师与辅导员应与研究生勤沟通，引导研究生树立正确的人生观、价值观与世界观，进而使其确定自己的人生目标并为之努力。除此之外，通过与研究生的互动，进一步提高研究生的科研热情，发挥其主体责任意识的作用。

主体责任意识的形成过程正是每一个主体在无数次的内化与外化的交替、转化中不断形成的。因此要积极发挥研究生的主体责任意识，鼓励他们积极主动地参加社会实践。引导他们在面对事物的时候能正确地认识并评价自我，能够认清自己在社会中的角色，并积极承担自己的责任。更要在对研究生的主体责任意识教育中，不断提高他们的自我控制能力，不断增强他们的主体责任意识。

除此之外，主体责任意识还是个体对自己角色或者职责的自我感知的表现。每个个体的行为必须对他人和对整个社会负责，要为自己的行为承担相应的责任。现代社会鼓励每一个主体具有独立思维，传统的教育模式已不适应社会的发展，我们更鼓励启发式教育。要教育研究生在看待事物时保持独特的思维模式，独立自主地进行学习，化以前的被动改为主动。研究生作为社会中的成员，对其所要承担的责任和义务要有自觉意识，这就要求他们除了要对自己负责之外，还要对他们所在的群体以及社会负责。充分发挥他们的主体意识，让他们学会自我教育、自我服务、自我管理及自我完善，以不断提高他们的主体责任意识，成长为优秀的人才。

三、创新意识教育

面对快速发展的现代社会，面对国内外不断更新的新事物，要重视对研究生创新意识的培养。创新型人才在现代社会中是十分紧缺的，也是我们社会和国家不断前进的推动力。创新是促进国家发展与民族进步的灵魂。为了适应社会和国家的发展，高校旨在培养创新型人才，以使我国在政治、经济、科技等方面的实力不断提高。传统的思维和观念可能会阻碍时代的发展，只有具备创新意识，才能打破传统，推陈出新，才能不断取得进步，推动社会不断发展、国家不断进步。对于研究生来说，衡量对其的思想政治教育是否成功的重要标准之一是其是否具备了创新意识及能力。一方面，要引导研究生继承中华民族的优良传统；另一方面，要将传统与现代相结合，不断进行创新。要引导研究生打破陈旧思想，学会创新，敢于创新，让其在创新思维的引导下走向成功。

对研究生进行创新意识教育，首先要营造自由的学术气氛，坚持"百花齐放，百家争鸣"。要鼓励研究生敢于、勇于质疑传统观念，不迷信，不盲从，积极探索，不断创新。要教育研究生养成创新的个性，具备创新的意识，学习创新的精神。研究生思想政治教育工作应该在培养研究生各种意识和思想的基础上，针对研究生的特殊性，培养他们扎实的学术功底，遵循学术道德，将求实和求是的精神结合起来。要鼓励研究生有不断钻研的态度，既不流于形式，盲目跟风，也不做表面功夫。这就在一定程度上要求研究生不断创新，找到新的角度、新的方向。其次，培养研究生的创新意识，还要鼓励他们进行实践，毕竟实践出真知。各高校不应该把研究生封闭在校园里，要让他们走出去，接触不同的环境、不同的人、不同的事物，开阔他们的眼界，帮助研究生将学到的理论应用于实践，使两者相结合产生新的知识，不断创新，不断进步。

学生只有把创新当作一种兴趣，具有强烈的欲望，才能积极主动。培养学生的创新意识，也要注重培养学生创新的兴趣。对研究生进行思政教育，需要通过正确的理念引导研究生树立正确的动机。在对研究生进行思想政治教育的过程中，教师一方面要提高教师的职业道德水平，尊重研究生，保护研究生的创造热情，对于研究生的想法要鼓励，不要轻易打击。另一方面要积极改进教学理论、教学原则及教学方法。社会在进步，所需要的人才也在改变，所以培养模式和方法也要有所创新。教学活动要生动有趣、灵活，既能达到教学目的，又能激发研究生的学习兴趣，培养他们的创新意识。

四、网络文明教育

现代社会，网络对研究生的思维及行为产生了很大影响，使其呈现出多元化、复杂化的特点。网络已经成为人们生活中最普遍的工具，也已经成为研究生学习和生活中不可或缺的一部分。经常会有人谈及网络对人们是有益的还是有害的，完全的批判或赞同都是不可取的。网络对人们的作用是好还是坏，其实就在于人们是如何运用它的。网络信息纷繁复杂，极易影响研究生的思想，而研究生辨别的能力也是参差不齐的，因此或多或少会受到网络不良信息的影响。针对这一现象，在对研究生进行思想政治教育时，网络文明教育就显得至关重要了。要通过网络文明教育，提高研究生的网络素养，培养他们良好的网络道德，使他们树立正确的网络观。对研究生进行网络文明教育，也是弘扬社会主义核心价值观的表现。要引导研究生文明使用网络，净化网络空间，养成守法的行为习惯。

当前大部分高校非常注重培养研究生的学术研究能力、思维逻辑能力以及语言表达能力，但在一定程度上忽视了对研究生网络文明素养的培养，致使一些研究生在甄别及选择网络信息时能力不足。

首先，要教给研究生正确筛选信息的方式。要结合研究生的学习和生活实际，对研究生进行训练，使其在练习中形成理性思维及辩证思维，提升信息甄别和自我判断的能力，逐步形成正确的、成熟的思维方式和价值判断的能力。

其次，要培养研究生的法治思维。法律是成文的道德，道德则是内心的法律，道德的建设离不开法治的保障。要教育研究生在运用网络时遵守相关法律规定，文明上网。

最后，丰富网络文明教育的形式。在对研究生开展思想政治教育时，可以采取丰富多样的形式。比如拿出一些案例来进行分析，提高研究生信息甄别的能力；也可以通过校园文化发挥潜移默化的作用；除此之外，还可以利用同龄人之间的影响，培养研究生带头人，发挥朋辈教育的作用，或许会产生意想不到的效果。

第三节　研究生思想政治教育的主要途径

开展研究生思想政治教育，除了内容要结合社会和时代的发展之外，实施的途径也要多样化。研究生思想政治教育的实施有三个层面：学校层面、家庭层面、社会层面。要想研究生思想政治教育工作取得良好的成效，需要学校、家庭、社会三个层面共同努力，不仅要发挥学校的主要途径作用，还要注重家庭层面及社会层面对研究生教育的影响。因此，研究生思想政治教育工作要将学校、家庭和社会紧密结合起来，在优化学校和家庭教育氛围的基础上，进一步净化社会的整体环境，三个层面形成合力，开创学校、家庭、社会教育通力合作的新局面。

一、学校层面

研究生主要是通过学校教育培养的。对高校来说，其主要任务是培养人才，不仅要重视思想政治教育，还要注重科研和探究能力的培养。高校培养的人才最终要步入社会，服务社会，为社会做出贡献，所以学校层面对于研究生各方面能力的培养是首先需要考虑的。对于研究生思想政治教育工作，学校应主要从以下四个部分着手：理论结合实践，传统结合现代；加强教师队伍建设；加强校园文化建设；拓宽教育形式和渠道。

（一）理论结合实践，传统结合现代

（1）注重理论联系实际。在现今时代背景下，高校培养的研究生人才要符合社会发展的需要，实践能力的培养是必不可少的。在教育过程中

加大实践活动的比重，并将思想政治教育融入其中，这有助于研究生了解我国国情，提高知识运用的能力。

（2）要将传统知识与现代知识相结合。在研究生思想政治教育中应将社会主义核心价值观和中华优秀传统文化相结合，激发研究生的科研兴趣，鼓励创新，为学术研究、社会发展、国家进步贡献力量。

（二）加强教师队伍建设

对研究生进行思想政治教育，高校不得不考虑的一个因素就是教师队伍的建设。要加强研究生与任课教师、辅导员及导师的联系，加强彼此之间的联动作用。

（1）加强教师队伍建设。高校要不断提高任课教师的专业水平，将校内交流与校外研修相结合，使教师不断提高自身素质。同时还要保证任课教师的待遇，增强任课教师的积极性与主动性。同时，任课教师自身也应主动学习进而增加自己的知识储备，提高自己的教学水平；要灵活运用多种教学方式授课，调动研究生学习的积极性，达到双向交流的目的。对研究生进行思想政治教育，课程是第一主阵地，所以高校要特别重视任课教师对教育效果的影响。

（2）加强辅导员队伍建设。高校应该严格按照标准选拔辅导员，注重辅导员的培养，避免出现辅导员数量不足、职责不清晰、工作分工混乱等情况。

首先，要提高研究生辅导员的思想政治素质，坚定其政治站位和政治立场，提高其开展思想政治教育的能力。

其次，要加强辅导员队伍的专业化，结合相关专业学科进行选拔，并不断加强辅导员的学习与交流。

最后，要加强辅导员的职业道德建设，增强辅导员的职业感和使命感。

（3）加强导师队伍建设。

首先，导师应提高自身的思想素质水平。

其次，导师应提高自身的专业水平，能够及时关注到专业领域的热点问题，及时对研究生进行指导，引导研究生高质量、高效率、高水平地完成自己的学业。

最后，高校对导师进行严格的选聘及考核。对表现好的导师要给予奖励，以调动导师的积极性；对表现不好的导师，要给予一定的惩罚措施。这样才能在一定程度上使导师队伍得到优化。

其实任课教师、辅导员与导师之间的某些职责和目标是相同的，都是对研究生进行教育和引导。为了研究生思想政治教育工作达到好的效果，任课教师、辅导员、导师与研究生之间要有效沟通交流，发挥联动作用，共同推动高校研究生思想政治教育工作的顺利开展。

（三）加强校园文化建设

首先，要将研究生思想政治教育嵌入学校精神文明建设及其制度构建中，如嵌入学校的培养目标、发展方向、办学理念以及相关的规章制度等方面中。研究生长期处于这种环境中，就会逐渐认同并接受这种思想观念，进而影响思想和行为。这种隐性的思想政治教育在高校中是不可缺少的，通常会悄无声息地对研究生群体产生影响，从而达到良好的效果。

其次，可以通过榜样发挥示范作用。对表现优异的研究生党员进行表彰，号召大家学习他们的先进事迹，发挥榜样示范带动作用。

最后，高校可以充分利用网络媒体做好宣传工作。一方面，可以通过校园内部的微信公众号、报纸等来广泛宣传。另一方面，可以和校外媒体合作，通过拍摄或放映一些视频、电影号召研究生向先进的人物学习。还可以将历史与现代相结合，使研究生不仅学习历史上的伟大英雄人物，更要学习日常生活中一直在默默奉献的人。通过这种方式可以更好地激励研究生从自己做起，从小事做起，循序渐进，逐渐养成优良的道德品质。

（四）拓宽教育形式和渠道

高校对研究生进行思想政治教育的形式不能一成不变，要紧跟社会的进步不断进行调整和改善。一方面要发挥高校内部组织及团体的带动作用，另一方面也要利用好网络媒体的宣传作用。

（1）充分利用好高校内部的教育资源，创新和丰富教育渠道。第一，加强研究生与任课教师、辅导员及导师的交流沟通，三者紧密配合，充分发挥好合力。不可否认的是，高校教师队伍也深深影响着研究生思想政治教育的效果，因此各高校要高度重视教师队伍建设，始终遵照德才兼备的原则，严格进行选拔和培训，从各方面提高教师队伍的综合素质。第二，发挥好研究生会或研究生社团的带动作用。研究生具备较强的独立性和自主性，往往根据自己的兴趣加入一定的社团组织之中。人对一件事充满兴趣时，就会有极大的热情。要引导此类组织积极开展丰富多彩的教育活动，调动研究生的积极性，使研究生的思想道德素质在愉悦的氛围中得到提升。第三，要积极发挥基层党组织的引领作用。新时代的党员拥有较高的综合能力和素质，因此高校内的基层党组织也会对研究生产生教育引领作用。

（2）拓宽教育渠道，利用好网络媒体的宣传作用。高校可以利用新媒体这一渠道，如利用微信公众号定时推送文章、微电影来宣扬伟大人物的精神，利用微信群进行交流沟通。需要注意的是，丰富教育渠道时，要精心设计好宣传主题，要和国家发展的主旋律相一致，及时分享热点话题，进行正向的舆论导向。并且要充分了解研究生群体的喜好和特点，能够吸引研究生的注意力，激发其学习热情，无论是宣传内容、表达方式、宣传主题都要起到正向价值引领的作用。还要设计形式多样的参与方式，鼓励研究生积极参与，只有参与其中，才会有更深切的体会，思想道德水平才会得到提高。高校的贴吧、微博等都是很好的宣传渠道，要精心运营，达到教育和引导的作用。总而言之，要通过加强研究生思想政治教育宣传工作，丰富思想政治教育的渠道，将校内教育资源与网络媒体资源相结合，不断推动研究生思想道德水平的提升。

二、家庭层面

家庭层面的教育对于研究生思想政治教育来说是不可替代的，也是至关重要的。父母和孩子在一起的时间是最久的，所以父母的言行举止、做事态度都会深深影响孩子。首先，家庭环境会影响孩子的一生。可以说，家庭教育为研究生之后的学校教育打下了基础。其次，父母要注重自身对孩子的影响，不要忽视生活中的小细节。作为孩子的启蒙老师，父母要从小培养孩子的思想品质，要从言行举止方面影响孩子。

三、社会层面

对研究生进行思想政治教育工作离不开社会层面的影响。

（一）营造良好的文化环境

社会文化环境对人有潜移默化的影响。研究生最终要在社会中生存与发展，不可避免地要受到社会环境的影响，其中影响最大的即是文化环境。社会上的主流意识形态对研究生的思想意识、道德水平具有重要的影响。因此，需要社会部门共同努力，为研究生思想政治教育创造良好的文化环境。

（1）提高各高校对于研究生思想政治教育工作的重视程度。这不仅仅是对于高校领导而言的，任课教师、辅导员及导师也应该引起重视。任课教师要把思想政治教育工作放到第一位，在课程中宣传主流思想，引导研究生养成积极向上的道德品质。辅导员要关注研究生的思想动态，一旦发现问题，应及时给予引导和纠正。导师更应该引起重视，在提高研究生学术科研能力的同时要保证研究生思想的积极正向发展。除此之外，高校还应该设置专门的管理部门，一方面对教育的内容进行及时把控，另一方面也可起到监督的作用，还可以随时调配教师队伍，使其更合理、更完善。

（2）外部社会的引领也是至关重要的。对于社会发展来说，经济的进步、政治的稳定是重要的，而文化的丰富也是不可缺少的。文化宣传等部门应该积极发挥作用。首先要坚持正确的舆论导向，弘扬正能量，发挥榜样的示范作用。对于一些假恶丑现象，要及时制止。要切实提高研究生辨别是非善恶的能力，更要积极开展一些丰富多彩的教育活动，寓教于乐，如带领研究生参观纪念馆、博物馆，教育他们珍惜现在的生活，学习前人伟大的精神品质。还要鼓励企业或组织与高校积极进行合作，引导研究生将理论与实践充分结合。

（二）建立严格的网络监督管理机制

在网络迅猛发展的时代，对研究生进行思想政治教育也离不开对网络的监管。要发挥网络的正面导向作用，完善对网络的监管体系。首先，要建立相应制度，硬性规定高校要提升研究生的网络素养，增强辨别信息的能力，做到文明上网。这样研究生就能自觉抵制不良信息的侵入。其次，要建立相应的管理和监督制度，对一些网络媒体等加强管理和监督，正确引导舆论，弘扬社会主义核心价值观的主旋律。再次，要建立健全有关网络的法律制度。随着时代的改变，不可避免地会出现一些新情况、新问题，而法律也不是一成不变的。法律体系也要跟随时代做出相应的调整，不要产生法律上的漏洞，要做到有法可依。

第七章　研究生培养模式与管理

研究生教育作为高等教育体系的一个重要组成部分，是以培养人才和科学研究为主要特征的更高层次的教育形式。研究和认识研究生教育的目标定位、基本特征与模式分类，对研究生教育管理中的有关理论进行补充，可为相关的研究生教育管理实践提供一定程度的指导。

当前，我国正处于发展的重要战略机遇期，创新型人才承载着特殊的历史使命，是赢得国际竞争主动权、实现中华民族伟大复兴的力量和源泉。因此，在关注研究生教育的培养体系时，应将创新型高层次人才的培养放在重要地位。

第一节　研究生教育的基本特征

研究生教育作为整个教育体系中一个独立的阶段，具有自身的基本特征。对于研究生教育基本特征问题的回答，既是确立研究生培养目标的依据，也是进一步完善研究生培养内容、培养制度，做好研究生教育工作的基本前提。如果忽略这个基本特征问题，研究生培养的目标就会出现偏差，培养工作就会进入盲区，就会造成教育资源的浪费。因此，研究生相关教育机构在开展研究生教育之前，要明确研究生教育的基本特征以及基本要求。

一、研究生教育的目标

研究生教育是从事以"高、前、深、远"为特征的理论与实践的创造、转化、传播的活动，有特殊的培养模式和运行规律，因此研究生教育的目标有特殊的定位要求。研究生教育不仅要顺应时代发展需求，培养满足社会需求的人才，还要对研究生进行个性化教育。

（一）顺应时代和社会发展需求

时代的进步会导致社会需求的转向。研究生的教育培养与社会有着非常密切的关系，这也就要求研究生教育要顺应时代和社会的发展需求。就培养目标而言，新的时代带来新技术和新文化的需求，研究生教育的学科结构会随社会发展需求的演变不断开拓与丰富。另外，新的社会需求也带来了对研究生素质文化的新要求。

1. 学科（专业）结构

研究生教育的学科结构受科学技术和生产力变化的影响，不断进行调整与优化。研究生教育的学科结构越合理，为社会经济发展培养和输送高层次人才的类型越齐全、创新力越高、数量越多，就越有底气与能力去满足社会多方位的发展需求。

2. 人才素质要求

国家与社会对研究生教育的需求，除了对学科结构有影响外，还对研究生群体自身的素质提出要求。研究生的教育培养有其特殊性与复杂性，要求所培养的研究生必须具备拔尖的创新力、广泛的适应力以及广博的知识。

（二）符合探究性知识的发展逻辑

研究生教育是对研究生进行各项有关高深知识学术训练的活动的整合过程。这一过程多是对未知领域的探究，因此对探究性知识的掌握就成为必需。研究生是进行探究活动的主体，他们在学习与实践中对探究性知识的储量会直接影响探究的结果。因此，需要针对探究性知识的特征，使研究生的培养目标符合探究性知识的发展逻辑，遵循学术知识发展的规律。

1. 高深性

研究生教育属于高等教育的最高阶段，这也就意味着研究生教育的内容具有一定的高深性，即学术知识的高深性。知识的学习是一个由浅入深的渐进过程，知识自身的发展也是一个由简到繁的过程。知识在时代的更替中不断积累、演变、发展，各门学科都是社会发展和知识积累的结果。在自然科学领域，知识是通过实验操作一步步被发现、发展的，进而组成今天技术科学的各个立体面，成为经济社会持续发展、综合国力提升的最主要的动力来源。而在人文科学领域，知识往往是通过继承前人的思想成果，并在此基础上进行拓展创新，形成经典知识与新兴知识相互交织、共促发展的学科局面，进而实现优秀文化的传承与国家竞争软实力的提升。因此，研究生的培养目标要符合高深学术知识的相关要求，以对应研究生高层次人才的角色。

2. 交叉性

研究生培养是以一定的学科或专业为载体的，有针对性地进行课程设置与实践训练，各学科或专业之间泾渭分明。但随着高深知识的演变发展，各学科或专业的培养要求也从培养传统学术型向复合型人才的方向转变。因此，研究生教育的知识体系也逐渐呈现出交叉性、边缘性的特点，研究生可以凭借复合性知识与能力去不断探索学科体系内部的未知领域，多维度拓宽学科或专业的边界，实现学科或专业的新发展。在信息技术迅猛发展的当下，新技术与多个领域的融合已势不可挡，新时代的理、工、农、医类专业的紧缺人才正迅速与技术创新融合，借助技术的力量焕发专业的新生机。人工智能、云计算、应急管理、教育经济与管理等学科专业的涌现，正是学科交叉发展的结果。研究生在接受科研教育培训时应尽力学习相关交叉性学科知识，从而为专业问题的解决提供创新性思路。

3. 隐藏性

知识，作为科研活动的对象和材料，是需要在科研训练中不断探索发展的。研究生接触和学习高深、交叉知识有一定的难度，这种难度大多是由知识本身的隐藏性特征决定的。高深知识的隐藏性体现在知识的发现、理解与应用上。知识不会主动来到人们的面前，知识是需要被发现的，高深知识的发现需要付出极大的精力与心血。发现知识并不等于理解知识，知识体系的搭建需要建立在对知识充分理解的基础上，高深知识的交叉性使知识的探究变得难上加难。知识的发现和理解不是学习与探索的最终目的，知识的创新与应用才是学习探究的归宿，高深知识在经历艰难的发现与理解阶段后，对知识进行融合创新与转化应用是尊重知识的最好体现，也是研究生教育成果的最佳表现。因此，研究生教育要依据高深知识隐藏性的程度进行难度的区分，依据由易到难的学习探究顺序制定具体的培养要求。

（三）适应学生身心发展的特征

教育的根本任务是培养人。我国教育的根本任务是教育和培养具有独立人格、可以适应社会、具有良好道德品质且可以驾驭生活的人。教育要遵循受教育者身心发展的规律，使培养目标适应学生身心发展的特征，以促进学生全面发展。研究生虽为来源复杂的求学群体，但其已具备进行高深学习与探究所需的理论基础、技术能力以及心理素质等，这使得研究生的学习、科研具有独立自主、研学结合和求新探新的基本特征。

1. 独立自主

从人的身心发展规律来讲，独立自主是成年人最本质的特征。研究生与本科生相比，大多数已经成年且是在积累一定专业理论知识的前提下学习探究新知识的独立自主的人。研究生的独立自主主要表现在选择能力与科研能力上。研究生对于学习、研究的学科专业以及主题方向具有较强的选择意愿与能力，从设计目标、规划思路到具体的记录思考、组织撰写等方面都可以体现其作为学术个体的选择性、积极性与自觉性。而在具体开展科研理论研究与实践时，其本身所具有的理论基础、方法技术以及科研思维都从不同侧面展现了其科研能力。研究生教育所培养的独立自主性，标志着研究生这一学术群体在受教育过程中由被动转向主动。

2. 研学结合

正如威廉·冯·洪堡所强调的，研究生的任务不再只是学习，而是要自己进行科研。研究生教育借助科学研究展开，研究生相应地就具有了学习者与研究者的双重身份。前面已经提到，研究生所学习的是高深性、交叉性和隐藏性的知识，因此要坚持不懈地补充新知识。研究生教育要真正做到研学合一，需要借助科研课题、项目或是竞赛等具体展开，提升研究生的学习与研究能力，有利于研究生的积极性、自觉性和创造性的培养。研学结合标志着研究生这一学术群体的受教育方式由单一、割裂向多样、融合升级。

3. 求新探新

不管是顺应时代和社会的发展需求，还是符合探究性知识的发展逻辑，它们对研究生教育最突出、最重要的影响都是落脚在知识与科研的创新上，这就要求培养研究生求新探新的个性特征。创新意识主要在专业学习、科研训练中逐步培养，多采用启发、探究的形式，为下一步的探究创新进行意识精神的激发、引导。创新思维影响创新行动的方向和步骤，引导研究生针对专业领域找寻有意义的主题，创新思路与方法，制订研究规划并具体操作实施，得到创新性成果，最后通过成果的实践应用实现创新的价值。求新探新标志着研究生这一学术群体的受教育作用由服务个人向服务社会扩展，这也是创新的应有之义。

二、研究生教育的原则

原则作为行事所依据的准则，是必须遵照的标准或法则。在教育培养过程中，除了培养目标要求外，原则也是要严格遵守并执行的。研究生教育的四大原则主要包括强化选择性培养标准、坚持导师负责制、突出科研能力以及保障学术自由。

（一）强化选择性培养标准

研究生是高层次人才，对其的培养目标具有精英性特征。研究生教育是"高度选择型的高等教育"，因此，研究生教育要强化选择性培养标准，这主要体现在准入筛选标准、过程筛选标准两方面。

研究生的入学资格要严格把关，借助招生考试、专业复测以及面试答辩三环节完善准入标准。研究生招生面向全社会已完成大学本科学习或是获得同等学力且有意向进一步深造的考生。而研究生相较本科生的招生数额较少，那么招生考试就必须具有一定的选拔性，选择理论基础、逻辑思维和表达能力达到一定水平的学生继续接受研究生教育。专业复测一是为了确认考生本人身份，二是为了检测考生个人真实的理论水平，以剔除一些违规考生和水平不稳定的考生。面试答辩是一种综合测评，可深入了解考生的个人情况、教育背景、实践经验，并通过口头答辩的方式考查考生的思维能力、口头表达能力以及临场应变能力，是一种效果显著的选择性考试。研究生的教育培养必须从准入标准抓起，这是提高研究生教育质量的智力基础。

研究生的培养过程也要设定一定的选择性标准，主要包括在课程学习、论文撰写以及道德素质三方面进行严格要求。研究生相较本科生，集体课程学习时间明显减少，对于课程学习成绩的判定也不限于期末测评，而更加重视课堂汇报、团队交流等活动的参与程度。论文撰写是研究生教育的主要内容，即研究生根据个人兴趣或借助参与科研活动的形式对某一专业问题进行深入思考，并以一定的规范撰写论文，形成自己的论点与理解。研究生的道德素质，既指个人基本道德素质，又指与研究生身份紧密相关的学术道德素质。学术道德是原则性问题，一旦研究生出现道德素质低下或是学术不端问题，学校及学院要立即做出反应，并做好警醒教育。

（二）坚持导师负责制

导师在研究生的专业学习、学术训练和活动中起主导作用。导师作为高水平的专业学者，可以对研究生在专业学习过程中遇到的疑难困惑进行回应，以帮助研究生更好地接受教育。学术训练作为研究生阶段最主要的活动，指研究生在个人独立自主学习基础上与导师进行互动，加入导师的课题组或项目组，作为导师的科研助手学习研究思路与方法，为自主研究构建能力体系。研究小组一般以导师为中心，导师组织研究小组进行研究活动，同一导师指导的研究生之间的关系可能超越了普通的同学关系，可在情感与生活方面相互给予温暖与慰藉。

导师最重要的价值是作为启发者为研究生的科研探究进行思路点拨。学习是一种思考方式，研究又何尝不是。师生之间的交流互动有助于开阔研究生的学术视野，使其在研究思路、方法等方面都能受到一定的启迪，进而更好地进行学术探究。同时，导师本身就是研究生学习的榜样，研究生在与导师交流、接受导师指导时会潜移默化地受到导师的人格影响。

（三）突出科研能力

"研究生"的重点在于"研究"。研究生教育应将科研能力的培养放在首位，培养目标以及培养内容都应围绕研究生科研能力的培养展开。研究生培养质量好坏的关键在于研究生科研能力的强弱，这主要受制于科研活动的类型、参与科研活动的方式与程度两方面。对于科研活动的类型以及成果判定，不同国家有不同的要求，主要聚焦于论文研究的独创性、卓越性以及对学科发展的贡献。应鼓励研究生勇于探索空白领域，在科研活动中独立思考、合理质疑、自由发展，提高研究生参与科研活动的广度与深度。

（四）保障学术自由

一个从事学术研究的机构必须首先是一个自由研究的工作场所。研究生是进行探索研究的重要力量，对其的教育培养需要学术自由的环境，以对其潜藏的创新力进行保护。导师的自由主要体现在教学、指导方面，以自己的理论与经验对研究生进行针对性指导。研究生的自由主要体现在可自己选择想要深入研究的主题，发表自己的见解。这一过程中，导师应注重培养研究生思考分析与解决问题的能力，尤其应保护研究生的创造性，通过自由的学术环境激发研究生潜藏的创造力。

第二节　研究生培养模式

改革开放以来，我国研究生教育实现了历史性跨越，培养了一批又一批优秀人才，为党和国家的发展做出了突出贡献。根据《国家中长期教育改革与发展规划纲要（2010—2020年）》的部署，要"改革人才培养模式，提高高等教育人才培养质量"，研究生教育质量成为重要突破口。研究生教育的质量是研究生培养模式关注的重中之重，研究生培养模式的改革又是研究生教育质量不断优化的根本途径。因此，深化培养模式改革，进一步优化招生制度、课程设置，促进产教融合、校企合作，加强国际双向交流，着力增强研究生的实践能力、创新能力，才能为建设社会主义现代化强国提供更坚实的人才支撑。

一、研究生培养模式的概念

研究生培养模式的内涵根据侧重点的不同而有所差异，总的来说其是一种复杂的规范教育系统。胡玲琳认为，研究生培养模式是指在一定的教育思想、理论与特定需求的指导下，为实现研究生的培养目标，而在研究生培养的过程中形成的诸要素构成的标准样式与运行方式。[①]这一关于研究生培养模式的经典定义，强调研究生培养模式是研究生教育培养过程中诸要素特性的一种总体性表现。杨红霞在探索人才培养模式改革时明确指出，模式并非指人才培养的标准形式或可以使所有高校都可以照着做的标准样式，而更多地指向看待、解决问题的方法论。[②]这里将教育培养模式从局限于"过程范畴"，拓展至更具普遍性的全方位定义之中，更适合目前处于改革后半段的综合与创新。但是关于研究生培养模式的主体问题的研究，除了容易忽略培养主体外，还可能狭义地进行单一主体定义。因此，除了需要明确研究生教育的对象与方法外，还需要特别针对教育培养主体进行解释，强调研究生培养主体的多样性与协同性。综上，这里将研究生培养模式定义为：为适应国家和社会发展的需要，多元教育主体在先进、科学的思想与理论的宏观指引下，以研究生培养目标为具体行动指导，在研究生教育的过程中进行内容要素的协同合作，从而形成一套看待、解决研究生教育问题的标准规范系统。

二、研究生培养模式的要素

研究生培养模式作为一套培养规范系统，其内容要素也因为划分标准的不同而不同。有学者认为，研究生培养模式是由培养目标、培养模式、

---

① 胡玲琳，谢安邦. 我国高校研究生培养模式研究［J］. 高等教育研究，2010，31（2）：5.

② 杨红霞. 改革人才培养模式提高人才培养质量——国家教育体制改革试点调研报告［J］. 中国高教研究，2014（10）：44-51.

课程体系、培养过程、管理制度、质量评价等要素组成的相互联系、相互制约的有序系统。[①]朱宏清等在探究美国高校的研究生培养模式时，将培养模式的要素划分为研究生入学类别、培养管理机制、培养目标与计划、课程设置、科学研究、导师指导模式、培养质量考核及学位获得、培养经费来源八个方面。[②]罗尧成以优质教育资源共享理念为指导，强调要在课程模式、指导制度以及人际网络三个方面进行研究生培养模式的改革。[③]综合各家观点，这里将研究生培养模式的内容主要归结为四个要素，即培养目标、培养模式、培养过程监督与管理、培养质量评价。

（一）培养目标

培养目标是研究生教育的核心要素，对研究生的教育培养具有指导作用。

1. 培养目标的定位

研究生可以分为硕士研究生和博士研究生，两者的教育培养目标有各自的特殊定位。博士研究生的教育目标应以培养学术型人才为主，提高其创新能力与综合素质。博士学位从根本上说是一个研究型学位，要求研究生具备科研、创新、转化应用等多种能力与素质。博士研究生应能批判继承与发展有价值的经典思想与知识，在不断积累的过程中去创新知识，最后以教学、文章、实物等形式记录并传播这些新知识、新文化。硕士研究生教育将培养应用型或复合型人才作为目标定位，旨在提高其职业能力与专业素质。相比博士研究生，硕士研究生的数量更多，专业型硕士在硕士研究生中的比例也逐年提高。随着经济社会的进一步发展，社会对于应用

---

① 陶春莉. 中国研究生培养模式的发展演变轨迹及其时代特征 [D]. 兰州：兰州大学，2006.

② 朱宏清，陈鸣曦. 美国高校的研究生培养模式 [J]. 江苏高教，2009（3）：143-146.

③ 罗尧成. 优质教育资源共享理念下研究生培养模式改革的思考 [J]. 学位与研究生教育，2013（7）：1-6.

型或复合型人才的需求愈来愈大，硕士研究生的培养目标逐渐从学术型人才转向各行各业的专业人才，注重对其职业能力与专业素质的提升。

2. 培养目标的要求

研究生培养目标的实现须重点解决的问题是研究方向的确定与学位论文的写作。研究生通过入学资格选拔筛选之后进入培养系统之中，然后根据自身兴趣与研究背景与导师队伍进行深入交流，以双选的方式确定指导老师。研究生结合实际与兴趣制订自己的研究规划，导师为其提供有价值和可行性的指导建议，最终对研究方向进行明确定位。确定好研究方向后，研究生就要按照研究计划稳步、有序地开展学习与研究，直至将在某个特定领域的发现或创新以文本、图表等形式呈现于学位论文中，尽力为学科发展、社会进步做出贡献。总的来说，关于研究生培养目标的要求主要有以下四点：第一，充分理解特定研究领域的基础理论、核心问题以及发展趋势。第二，把握好特定研究领域的范围与深度，能够在一定程度创新的基础上拓展研究领域的边界。第三，能够将理论与实践相结合，以学术交流活动、专利转化应用、政策制定与分析等形式变现知识。第四，坚持正确的学术伦理。

（二）培养模式

培养模式是实施研究生教育的途径，直接影响培养目标是否达成、教育培养质量的高低。

1. 课程模式

研究生培养模式以课程设置与教学方式为基础。研究生学习与研究的知识具有高深、交叉、隐藏等特征，这就要求课程设置与教学方式的变革更强调创新性、灵活性、多元性。在课程设置上，改变本科阶段必修课程过多、选修课程过少的现象，在专业基础课程之外，提供更多领域、方向的选修课程，尤其是跨专业选修课资源。在教学方式上，除了部分专业课和选修课外，研究生教育的课堂授课以小班教学为主，教学形式以探究、探讨为主，同时安排必要的实践训练，充分调动研究生学习、科研的主动性，培养其发散思维与创新意识。

2. 指导制度

研究生的学习与研究是在导师指导下进行的。导师不仅是研究生学术训练中的引路者，更是研究生社会生活中的示范者，这就要求严格审核导师资格，同时对导师进行必要的培训。导师选拔要以德才兼备为标准，使道德品质高尚且学术水平高的教师进入导师队伍；同时要将学术科研、教学成果作为考核、评价导师的标准，设定流动性指数，及时调整导师队伍的结构，以保证研究生教育的效果与质量。另外，导师作为在一定学科、领域有一定成就的高水平学者，其本身的教学与指导能力需要通过一定的培训活动予以保证和提高，包括青年导师的职前培训以及导师在岗培训，在提高导师的品德与学术水平的同时，增强导师教导、培育学生的责任感、使命感，从而培养出更多合格的高级人才。

（三）培养过程监督与管理

培养过程的监督与管理是研究生教育中的关键要素，起到及时督导、纠偏的作用。

1. 校院二级管理模式

目前我国多数高校实行学校与学院分离的二级管理制度，核心目的是将管理权限下放至二级学院，提高学院的自主决策能力以及资源整合能力。校院二级管理模式使学院能够对研究生进行直接、有效的管理，根据学校的总体方针、学院学科专业特色来制订本院研究生的培养方案，同时对研究生进行教育培养的过程管理，并采取其他有效措施提升研究生的教育培养质量。在校院二级管理制度框架下，要建立相应的监督机制，才能保证权力下放、运用的合理性，尤其应针对科研规范设置学术委员会，以凸显学术力量在研究生教育中的地位与作用。

2. 班级日常管理制度

研究生班级日常管理制度是研究生教育管理的重要内容,其核心目的在于营造一个公平公正的竞争环境。班干部群体在班级日常管理中至关重要,应在学习与生活中以身作则,公平公正地对待每一位同学、每一件班级事务,形成班集体团结的氛围。研究生的大多数活动都是以班级的名义集体进行的。班级作为研究生的日常社交场合,对于研究生的学习研究、合作交流有不可替代的作用。

3. 学术道德培养与监督

在当前知识经济时代,坚守正确的学术道德问题是研究生教育中的原则性问题,其核心是为了更好地规范和引导研究生的学术研究行为。近年来,学术失范事件频发,一些研究生对学术道德要求不闻不问,并从剽窃他人成果、实验数据造假、买卖论文等学术不端行为中获取不义之财。因此,需要通过开设学术道德课程、确立学术责任制度、成立学术评价和监督机构、完善学术奖惩系统等举措[①],规范研究生的学术道德意识,使其在产出科研成果时恪守学术道德。

(四)培养质量评价

质量评价是保障研究生教育质量的重要手段,以此检测培养效果并促进更高水平的教育培养,这是提高研究生竞争力的关键。

研究生的教育培养作为一个系统工程,其培养质量受到多方面因素的影响。研究生、导师、学校是研究生教育系统内部的影响因素,而社会是影响研究生培养质量的外部因素。其中,研究生、导师和学校是影响教育

---

① 黄成华.研究生学术道德培养与监督的制度建设 [J].湖北经济学院学报(人文社会科学版),2011(12):172-173.

培养质量的主要因素。首先，研究生的生源质量、学业水平以及社会实践影响培养质量。其次，导师的职业道德、学术水平以及师生合作程度也会影响培养质量。最后，学校的学位点建设、培养方案、学术条件以及学术氛围影响会培养质量。[①]

三、研究生培养模式的类型

我国研究生培养模式主要有研究型、应用型与多元型三种，不同性质的学科专业培养模式也不同。因此，高校或科研院所必须顺应社会环境的变化与发展，根据自身办学定位、学科情况、生源情况、师资队伍等因素，选择科学合理的研究生培养模式。

（一）传统研究生培养模式

1. 学徒式

德国的学徒式是一种经典的研究生培养模式，曾是各国效仿的模板，同时影响了那个时代各国关于研究生培养模式的构建。学徒式与当时德国经济社会发展水平相适应，是指学生在导师负责制的基础上，在研究所或实验室中作为科研助手与导师进行合作，从事科学研究工作。学徒式的培养模式突出强调科研在研究生培养过程的首要地位，具有非正规性的特点。其非正规性表现在：第一，学徒式的培养规模较小、研究主题单一、缺少学科合作。第二，学徒式的课程体系设置不够系统，更多借助探究讨论、实验操作、实践训练等形式提高学生的知识和技能。

2. 专业式

美国研究生教育形成的专业式模式，注重理论与实践结合，强调培

---

① 金云志. 硕士研究生培养质量评价体系研究［D］. 南昌：江西师范大学，2014.

养过程的标准化、专门化，这种实用性强、效率高的培养模式也成为各国学习的榜样。研究生教育专业式模式在更深层次上契合社会经济的发展需求，以正规的课程教学引领研究生教育的发展方向。

3. 协作式

协作式培养模式是指高校与工业企业联合培养研究生的模式，高校与企业合作管理，建立起研究生教育与工业生产之间的密切联系。[①]协作式培养模式具有针对性，集中于经济的发展与科技的进步。这种研究生培养模式从关注教学研究转向要求教学、科研、生产相统一，重点培养应用型和开发型人才。

（二）新兴研究生培养模式

一批新兴的教育培养模式在新时代的政策变迁与教育改革中出现，通过实践逐步得到社会的承认并在一定范围内得到应用。

1.产学研结合

产学研结合的培养模式即在企业、高校、科研院所合作的基础上，将生产、教学、科研相互融合，对应行业发展趋势、高层次人才的成长规律以及社会紧迫需求，使研究生培养的学科专业针对性、社会行业适应性、科学研究应用性高度统一。例如，中国石油大学（北京）的研究生教育实施产学研结合培养模式，紧密围绕石油企业的发展需求，构建开放式的"1+2"培养模式，即研究生在校内学习课程一年，另外两年在企业工作站开展科研并完成学位论文。[②]

---

① 金浩. 对我院硕士研究生培养模式的若干思考 [J]. 北京舞蹈学院学报，2005（1）：26-31.

② 张来斌，鲍志东，张士诚，等，王英国. 面向国家重大需求改革研究生培养模式 [J]. 中国高教研究，2006（4）：22-23.

2.学研创结合

学研创结合的教育培养模式是以高校为实施主体，将教学、科研、创新融为一体。学研创结合的培养模式有其特殊的产生背景：首先，以互联网、大数据为代表的信息技术的发展改变了生产、生活、学习方式；其次，创新型国家建设、创新驱动发展战略将创新作为推动国家发展的转型力量，这也要求研究生培养模式根据信息时代的要求进行变革，增加关于创新素质的培养和考核，以学习为基础，以研究为手段，以创新为目标，实现学习能力、研究能力、创新能力相辅相成、互为交融的研究生能力建设。

3."链式"培养

"链式"教育培养模式的关键在于形成纵向的指导链，并使链条上的各节点能够在合作交流的过程中形成协同效用。"链式"培养是按照研究生由低年级到高年级的层次递进以及多样扩散的研究方向，并结合问题培养和导师队伍的模式优势，把导师队伍、高年级和低年级的研究生结合起来，使之构成层次性的"链式"关系。①

4. 多元互补型

多元互补型教育培养模式的核心思想是对各类传统培养模式"取其精华、去其糟粕"，实现多元优势互补的理想模型。多元互补型教育培养模式通过改造学徒式模式、巩固和加强专业式模式、推广创新协作式模式进行创新变革，强调将发展成果直接服务于社会生产和人民生活。

---

① 徐前华，王莉芳，郗英.研究生"链式"培养模式的探讨［J］.高等理科教育，2005（2）：48–50.

第三节　研究生培养与创新型人才

　　研究生教育要注重在观念、思维与培养模式等方面突出创新性，营造良好的创新氛围，以创新人才观念、创造性思维、创新人才培养模式的完善与强化，培养造就青年科技人才、创新创业人才。站在我国发展的新的历史起点上，只有发动科技创新的强大引擎，让人才的创新活力竞相迸发，才能推动中国巨轮乘风破浪、行稳致远。

一、创新型人才概述

（一）创新型人才的内涵

　　人才，即"人材"，主要指德才兼备、有某种专业特长并且能以创造型思维来进行创造性劳动，从而为社会发展和人类进步做出较大的贡献的人。社会需要各种层次的人才，更需要各种类型的人才。创新型人才，作为人才领域中较高层次的人才，具备创新精神与创新能力，承担着创新创造的重任，是在某个领域具有创造性、突破性、示范性的成就，并为科技创新、社会发展和人类进步做出突出贡献的人。因而，创新型人才是创新能力、质量、实效和贡献的高度统一。

（二）创新型人才培养的必要性

　　当前我国人才队伍建设面临着创新型人才数量不足、领域单一、特色不强等突出问题，尤其是我国与发达国家的高层次创新型人才在质量上存在较大差距，这也就要求在科技飞速发展、社会飞跃式进步的历史新时期，我国应将创新型国家作为建设目标，将创新型人才作为根本，发挥创新型高层次人才在各领域的作用，持续推动科技和社会高速发展。

1. 创新型人才是创新型国家建设的根本

应通过培养大批创新型人才，推进并落实创新型国家建设。当前，我国非常重视创新型人才的培养。创新型人才作为国家人才资源的重要组成部分，是国家发展的重要推动力量，引领着社会的发展。

2. 创新型人才是经济社会发展的迫切需要

随着平台经济、数字经济、共享经济的蓬勃兴起，生产性服务业向价值链中高端延伸，同时围绕人民对美好生活的需要大力发展生活性服务业，这对于创新型人才的需求量将会越来越大。现代经济社会，人才的高层次和创新性保障了专业知识的扎实性、复合能力的先进性和思维方式的发散性，各级各类人才能够在新的经济社会发展的背景下，充分发挥专业知识、能力的力量，以创新型人才的合力显著提高我国经济发展的质量。

3. 创新型人才是世界科技竞争的排头兵

我国"十四五"规划明确提出"深化人才发展体制机制创新，全方位培养、引进、用好人才"，要"培养造就更多国际一流的科技领军人才和创新团队，培育具有国际竞争力的青年科技人才后备军"。可以看出，"十四五"规划中关于"激发人才创新活力"的具体举措相比于党的十九大报告中的具体要求，在创新型人才及其队伍的培养和建造方面更加强调其国际水平的一流性，并突出强调青年科技人才作为创新型人才后备军的国际竞争力。目前，互联网、大数据、人工智能与其他领域的高度融合发展成为世界科技竞争的重中之重，这要求我国打好关键核心技术攻坚战，其中，加强创新型人才培养，尤其是加强国际一流的创新型人才的培养是在世界科技竞争中取胜的基础。

4. 创新型人才是满足人民群众新需求的前沿力量

社会不断向前发展，人民需求多样化的特征明显，需要创新激发活力。应用是创新的最终落脚点，要将技术创新与社会发展、人民幸福紧密相连。创新应用于人民群众的生产生活等是创新型人才积极创新的出发点和最终要求，创新型人才成为满足人民群众新需求的前沿力量。

（三）创新型人才的特征

不同时代的科技与教育发展程度不同，同样也有不同的发展创新目标，这也就要求创新型人才的培养有不同的培养要求与方式，因而创新型人才也就具有了不同的特征。21世纪的创新型人才有以下特征。

1. 创新性

在国家层面，创新型人才的教育培养要坚持以能力建设为主题，把增强自主创新能力作为人才战略开发、人才结构调整和人才增长方式转变的中心环节。在此基础之上，根据各级各类创新型人才的成长规律及其特点，构建各领域特色化、专业化的教育培养制度和体系，以此提升创新型人才的原始创新能力、集成创新能力和再创新能力，不断放大以创新型人才为主体的核心创新功能。除此之外，超前的创新思维、专业化的创新知识以及科学的创新实践同样是创新型人才的基本要求，三者共同服务于自主创新能力的建设与提升，持续推进创新型人才培养。

2. 自主性

自主性是创新型人才与普通人才的关键区别。普通人才可以在接受教育和操作实践的过程中不断积累知识与经验，从而提升自身的素质与能力，然而这种多是被动式的成长模式，是一种在现有的教育体系中按部就班的有序的素质提升和能力构建的递进过程，很难凸显成长者或者普通人才在其中的主观能动性，也就是我们所提到的自主性成长。而创新型人才是在突出自主性的前提下进行学习与实践。其中，创新型人才所具有的创新品质、创新意识与创新思维是其自主性成长的主要体现。

3. 多样性

创新人才培养的多样性通过培养目标、培养对象、培养内容和培养模式四方面加以体现。创新人才培养将创新能力、质量、实效和贡献的高度统一作为总目标，而不同领域的创新型人才培养服务的目标各有不同。创新型人才的培养对象是具有创新意识、创新思维以及一定创新能力的各类型人才。创新型人才的培养内容聚焦于自主创新能力的建设与提升，进而积累创新专业知识和创新实践经验。由于创新型人才自主性的成长特点，其培养模式的差异化和先进性特点凸显，这是培养多样性的主要表现。

4. 风险性。

创新型人才的培养周期长、培养难度大，且培养内容具有前沿性和紧迫性，培养的风险性不可避免。因此，创新型人才首先要有创新的自主性，尤其要有百折不挠的意志与冒险精神。其次，要根据创新型人才培养的特点和需要，提供强有力的保障举措，比如实行与其职业风险程度和社会贡献大小相对应的风险保障机制，建立创新型重要人才国家投保制度，同时对其创新成果产出与转化应用加以激励，以社会协同的方式为创新型人才的成长发展清除阻碍、排解困难。

二、创新型研究生教育培养概述

随着我国研究生教育的快速发展，我国已然成为研究生教育大国。而且，随着各行各业对于高层次创新人才的需求越来越迫切，研究生创新培养教育的地位和作用也越来越凸显。这也就要求在大众化背景下要着眼于教育的"质"，以高质量的教育提升人才的创新性，以创新型人才应对全球人才竞争。应针对目前我国创新型人才数量不足、领域受限、特色不强等问题进行教育改革，立足于人才培养机制的发展进步，加快建设研究生教育强国，为坚持和发展中国特色社会主义、实现中华民族伟大复兴的中国梦提供强有力的人才和智力支撑。

（一）创新型研究生教育培养的内涵

目前，研究生创新性培养的重要性已经在多个政策文件中有所显现。2020年，教育部、国家发改委和财政部在《关于加快新时代研究生教育改革发展的意见》里明确提出，"研究生教育肩负着高层次人才培养和创新创造的重要使命"。2020年7月的全国研究生教育会议强调，研究生教育工作要适应党和国家事业发展的需要，培养造就大批德才兼备的高层次人才。这表明，研究生教育培养要以提升质量为核心，突出科研与创新能力，培养创新型高层次人才，不断深化改革创新，推动内涵发展。

创新型研究生教育培养指针对研究生这一培养对象，在程序严密的正规化的学校教育中，借由研究生教育系统所确定的研究生教育目的，以及包括计划、组织、指挥、激励、监督和控制在内的管理规定，对研究生这一高层次人才进行创新能力的培养。

（二）创新型研究生教育培养的特征

具有"高、前、深、远"特征的研究生教育，要紧跟时代发展要求，改革教学、科研、实践模式，推动研究生教育向专深方面发展，进入教育培养的精加工阶段。在这个过程中，创新型研究生教育培养呈现出一些共性。

1. 创新性、先进性

创新教育是研究生教育的内在要求。相较于本科生的创造性学习，研究生更强调学习创造，在专门系统的研究训练之外重视创造能力的提升，并将创新思维或创新方案"落地"进行产业化，通过成果的转化应用促进学研创用一体化教育培养体系的构建与完善。

创新型研究生教育培养首先强调创新性，尤其是在科学技术发展日新月异的现代社会，更强调其先进创新性。在培养目标上，创新是研究生教育最本质的特征，要培养具有创新能力的专门技术人员，开拓与发展新领域研究。在课程体系上，创新教育在满足专业课程学习的同时，结合前沿理论关注专业发展的新方向，并做出一定的思考与突破。在实践训练上，创新教育要求实行多主体协同育人的培养模式，充分融合不同方面的资源优势，回应社会需求，保障知识、理论、技术、方法的先进性。研究生教育作为我国最高层次的教育先进创新性是其核心特征。

2. 专门性、研究性

研究生教育培养的专门研究性可以从三个方面进行阐述，包括训练内容的研究性、训练手段的研究性与训练成果的研究性。在训练内容方面，专业课程的学习奠定了研究必需的理论与方法基础。研究生在导师的指导之下进行科学研究同样是其学习任务的一部分，导师往往以课题或项目的形式对研究生进行特定主题的研究训练。在训练手段方面，研究生的实际操作要依靠科学的量化或质性的研究方法等，科研方式和方法的选择对于整个研究项目的成功与否来说至关重要。在训练成果方面，科研成果应当从价值出发，强调训练主题或项目所得结论的价值及其合理性，而非千篇一律假大空的"学术垃圾"。对研究生进行创新性的教育培养，前提是要保障研究生培养训练的专门研究性，在此基础上进行多维度的拓展训练。

3. 开放性

创新型研究生教育培养强调开放合作。首先，经济社会的快速发展使人与人之间的交流日益频繁，研究生教育要适应社会环境的不断变化，通过开放合作，进行自我更新与自我发展。其次，目前研究生的教育培养与社会性的课题研究紧密相连，学研创用结合之路使得创新型研究生教育培养成为高校与社会联系的纽带，这表明了研究生教育具有开放性。最后，研究生教育走向国际已成为提升研究生教育质量的必要途径，应了解、借鉴国外研究生教育的培养目标、课程体系和实践训练，通过中外合作办学等形式广泛开展国际交流合作，在保持学术活力的同时提高综合竞争力。

4. 集中自主性

集中自主性强调专业培养与自主成长，有利于研究生群体的集体成长与进步。研究生作为高级专门人才，自主学习的能力与方法得到一定程度的提高，这为其今后自主开展科研打好了基础。目前，我国的研究生培养单位大多是高校与科研院所，人才聚集产生的"乘数效应"势不可挡。创新型研究生教育培养的集中自主性表现为其培养对象的群体特征，即在专业知识的学习、学术水平的提升、创新能力的提高以及独立工作能力的形成等方面能够体现集体性的自主成长所产生的巨大连锁作用。

（三）创新型研究生教育培养的影响因素

创新型研究生教育培养是一个系统工程，研究生的课程教学、科研训练、师资队伍与培养环境都是研究生创新能力形成发展的基本要素。

1. 课程教学

研究生教育培养的主要依据是研究生培养方案，而培养方案的核心内容就是课程体系的设置。研究生教育区别于其他层次教育的关键是"研究"，相应的，研究生教育的课程体系在关注通识课程、专业课程之外，还要强调创新实践课程。任何创新实践活动的开展都是以一定的基础能力作为前提的。通识课程又可称为学位基础课，能为研究生的研究、创新活动奠定扎实的理论基础知识。专业课程则指向特殊发展领域，在专业领域范围内以不同的视角、理论与方法来发现和研究社会问题，紧跟专业发展前沿，为研究生奠定扎实的专业基础。创新实践课程作为选修课程是高校在学生掌握基本理论知识与操作方法之后，根据各专业方向与学生特点开设的素质拓展提升课程。例如，科学研究方法、文献检索、统计软件应用等创新实践课程，为学生进行科学研究提供思维与方法训练，在完善学生知识体系的同时提升其研究实操能力。

除了课程体系的设置外，研究生的课程教学强调教学手段、方法的先进性与多样性。研究生课程的教学内容具有复杂性与思辨性，这就要求研究生课程教学除采用传统的口语、文字、教材之外，还可借助一定的多媒体网络技术等现代教学手段进行辅助教学，提高学生对于教学内容的理解程度，以更好地进行科研创新工作。在教学方法方面，应采用启发式、研讨式与参与式的教学方法，做到教授与学习的统一，充分发挥研究生的主动性与创造性。在教师与学生的互动之中，具有较高学术水平的教师与思维活跃的学生之间会进行思想与观点的碰撞，有益于研究生思维能力的发展。

课程教学是创新型研究生教育培养的基础。在研究生的教育培养过程中，课程的合理设置、教学的正确开展，不断开发研究生的创新思维，发展研究生的创新实操能力，对创新型研究生的教育培养有积极作用。

2. 科研训练

科研训练是研究生"研究"素养与能力提升的最主要的途径。研究生的"研究"特质，决定了研究生未来可能是学术研究、技术开发、教育教学、领导管理等领域的高层次专门人才。科研训练是提升研究生各种能力的综合性训练，是研究生创新能力培养的关键。研究生在参与科研训练时需要具备多种能力，获取这些能力需要借助一些科研训练载体具体开展。

科研训练是一种创新实践活动，是在全面接触并掌握已有专业理论方法和学术成果的基础上，通过一定的创新思考和活动探索新知识、开发新技术的过程。这个过程需要研究生具备能够支撑科研训练的一系列能力，包括选题定题、文献检索与整理、研究设计与实施、论文撰写等能力。科研训练是获取这些能力的最好的途径之一。

科研训练通常以课题、项目或竞赛等为载体，在实践操作中不断试错进而形成一套具有个性特征、有效的研究模式和话语体系。科研训练的性质、类型，以及研究生参与科研训练活动的方式、程度都会影响研究生创新能力的培养。研究生在参加科研训练时，因对许多知识和方法掌握得还不够熟练，所以其参与科研活动的程度也是一个由浅入深的过程。刚开始，研究生也许只能参与一些单一主体、小范围的科研训练活动；随着能力的提升，其会逐渐参与一些多主体、较大范围或是全国性、国际性的科研训练活动。起初，研究生在科研活动中只能参与搜集和整理文献、资料等简单工作；随着阅读、筛选和总结能力的提升，其会慢慢参与课题、项目研究过程中比较复杂的科研工作，进行文稿的撰写和项目的统筹组织。在此过程中，研究生一般会得到导师的个别指导，从而形成自己的知识体系和研究方法，进一步提升创新素养与创新能力。研究生参与科研训练，锻炼和培养了创新思维能力、探索新领域的能力、知识获取与运用的能力、独立思考判断的能力以及学术交流能力、社交合作能力、控制协调能力。

科研训练是创新型研究生教育培养的关键环节。在研究生的教育培养过程中，合适、恰当的科研活动是创新型研究生教育培养的重要载体。

3. 师资队伍

高水平的师资队伍是培养创新型人才的前提。教授通识课程、专业课程的教师一般学术水平较高，他们培养研究生逐渐掌握进行科学研究所需的基础理论、基本方法等，为研究生进行科研训练扫除了障碍，同时也为研究生进行专业研究提供了基本工具，提升了研究生的科研能力。在研究生实践训练课程中，导师是提高研究生创新意识、培养研究生创新能力的关键因素。实践训练课程的导师队伍具有一专多能的特征，对于帮助研究生形成规范的研究思维具有不容忽视的作用。此外，导师与研究生创新精神和创新品质的激发具有密切联系。导师能充分尊重学生的个人发展，灵活调整科研训练主题、方法和计划；导师鼓励多种思想进行交流和创新，形成包容开放的科研氛围；导师提供多种载体进行科研训练，将研究生纳入自己的课题或项目团队，带领研究生"走出去"参加学术会议、社会调研等交流实践。这些都有助于研究生在真实情境中开阔视野、开拓思维，进一步提升创新能力。

导师是创新型研究生教育培养的重要支撑。在研究生的教育培养过程中，对培养研究生的能动意识、挖掘研究生的创新潜力有潜移默化的作用，同时会直接影响研究生创新思维、创新能力的形成与发展。

4. 培养环境

良性的培养环境通过制度化或非制度化、物质性或精神性的、显性的或隐性的教育影响，首先对研究生的个性、思维、心理健康发挥积极作用，进而推动其创新素质与能力的培养与提升。在制度方面，围绕立德树人的根本任务，通过科研加分、学分互换、项目补助等政策，激发研究生参加科研训练的积极性，促进科研成果落地。在学科方面，应探索学科专业特色发展道路，聚焦社会热点，鼓励研究生自主开展科研训练活动，营造学科内部深入探究、竞相进步的积极氛围，推动学科创新发展。在人际环境方面，积极组织师生开展集体学习实践活动，加强学术交流，改革教育方式，促进科研竞争良性循环。综合来讲，多种环境交互作用，营造学术争鸣的民主氛围，对研究生的个性发展与创新能力的培养具有重要作用。

培养环境是创新型研究生培养的重要保障。良好的培养环境需要多主体联合承担责任，并对研究生教育培养模式进行改革创新。

第八章 研究生学位教育管理

第一节 研究生学位教育的内容与要求

一、对学位的认识

国内外对学位有不同的见解，大体可以分为四个观点：第一，以高等教育为重心来理解学位，即一个人受到的教育达到何种水平的标志和象征。第二，单纯从学术这一方面来认识学位，即学位是一个人学术水平的等位或头衔。第三，从教育和学术结合角度来理解学位，则学位既是受教育的标志，也是一种学术象征或称号。这一观点受到国内外教育理论界的普遍认可。第四，从管理这一维度来理解学位的话，学位则是高等教育管理领域的工具和手段。由此我们可以看出学位主要涉及以下因素：学位的授予者和被授予者、学位所指的内容。[①]

国内最先对学位做系统介绍的是叶绍梁教授。叶教授在《学位的概念及其与研究生教育关系的辨析》一文中将学位的内涵归纳为四个方面：① 学位是其获得者的受教育程度（及质量）、学术水平或专业技术水平、知识能力等级（或某知识领域的学术等级）等的标志和称号。② 学位是一个人在学术（科研、文化）、专业技术、受教育、知

---

① 康翠萍. 学位论 [M]. 北京：人民教育出版社，2005：29-32.

识能力等方面的"水平""程度""等级"等的指示性（显性标志）概念。③ 学位也可以作为一种评价的标准、衡量尺度或质量基准，是国家或教育机构评价和衡量学位获得者的学术水平或专业技术水平、受教育程度及学习质量、知识能力等级的一种尺度。④ 学位还是一种授予个人的头衔，可以体现其知识能力等级，是一种对个人终生有效的学术称号。叶教授的观点相对于之前的四种观点从比较综合的角度对学位的概念进行了阐述，但是并没有给学位下一个明确而周全的定义。

我们现在对学位的定义简单来说就是授予个人的学历称号或学术性荣誉称号，表示其受教育的程度或在某一学科领域里已经达到的学历水平，一般由高等院校、科研机构或其他国家授权的学术机构、审定机构授予学位，有效期一般都是永久。也可以授予某些人荣誉学位，以表彰其在某领域所做出的杰出贡献。学位分学士学位、硕士学位和博士学位，我们所说的学位教育通常也就是指高等教育，本书主要针对硕士和博士学位教育的相关问题进行研究。

二、我国研究生学位教育的目标

近几年，我国研究生报考人数逐年攀升，研究生在读人数突破300万，人数的增加无疑对高校的管理增加了难度。如何保证研究生的培养质量、保证研究生学位的含金量是我国现在急需解决的一大问题，而这一问题则对研究生学位教育提出了要求。

我国根据高等教育目标和培养人才的不同定位，将学位分为学术型学位和专业学位。学术型学位是一种国际上通用的授予个人的学术称号，表示其受教育的程度或在某一科学领域已经达到的学术水平，培养模式和内容更加偏向于学术。学术型学位一般由国务院授权的高等学校、科研机构或其他学术机构、审定机构授予。专业学位是我国根据国情需要新添加的一种学位。专业学位在国外，尤其是在发达国家，如欧洲和美国，已经发展得非常成熟。我国在教育发展的过程中不断总结经验，设立了具有中国特色的专业学位。国务院学位委员会将专业学位定位为培养高水平应用型人才的主要途径之一，这种学位教育的培养目标是让获得专业学位的人才具有更深层次的理论知识储备和较强的实践能力，能够进行技术开发和理论研究。我国经济社会发展迅猛，各行各业需要大量高级专门人才，所以，我国将重点发展专业学位。

我国研究生教育起步比较晚，自20世纪30年代初才开始招收少量研究生，但是没有授予学位，直到1978年全国正式恢复高考后，研究生招生工作也重新启动，新时期的研究生教育才拉开了序幕，高校开始招收学术型研究生，发展到今天，学术型研究生教育已经拥有了比较成熟和完善的体系。

学术型研究生教育主要以培养发现科学规律、从事科学研究和探索的学术型人才为主，目的是为高等学校、科研院所和社会各行各界培养教学和研究人员。学术型研究生教育是按学科专业进行培养的一种专业教育，是建立在本科教育基础之上的更高层次的专业教育。它以专业为单位开展教育教学活动，研究生通过课程学习掌握某一专业领域的基础理论和系统知识，并围绕该专业领域开展研究与创造活动。学科交叉地带常常是科学研究创新的活跃地带。这就要求学术型研究生既要有精湛的专业知识，又要有广博的相关学科知识，只有这样才能适应科技发展对学术创新的要求。学术型研究生的特点就在于他们对学术和知识本身有着浓厚的兴趣和高标准的追求，他们有志于理论和学术研究，并不断探索客观原理和科学规律，最后成为学术型人才。

专业学位是相对于学术型学位的另一种研究生学位类型。专业型研究生本身应具有一定的实践专业背景。专业学位是作为学术型学位的补充，是针对学术型研究生理论和实践联系能力较弱的情况提出来的。与学术型学位不同，《专业学位设置审批暂行办法》明确规定："专业学位作为具有职业背景的一种学位，为培养特定职业高层次专业人才而设置。"具体讲，专业学位设置的目的就是"加速培养经济建设和社会发展所需要的高层次应用型专业人才"。我国的专业型研究生教育起步较晚，自1991年才正式开展专业学位教育。如今，经过30多年的发展和变化，我国专业学位的种类不断丰富，招生规模不断扩大，培养模式和管理方式不断进步，培养质量也在不断提高，逐渐形成了具有中国特色的专业学位教育制度。

专业学位是以某种特定职业为背景的，它的教育目标更倾向于实践性和应用性，旨在培养能将知识应用到特定知识和专业领域的高层次专门人才。2015年，国务院学位委员会、教育部发布了《专业学位类别（领域）博士、硕士学位基本要求》，对"年轻的"专业学位研究生教育做出了要求。此文件对专业学位研究生应具备的基本素质、应掌握的基本知识、应接受的实践训练和应具备的基本能力四个方面进行了阐述。以公共管理硕士专业学位（MPA）为例：①有正确的政治素质、端正的学术道德和良好的心理素质。②完成公共管理硕士专业学位的核心基础课程学习的基础上，根据自身工作需要、特长和兴趣选择相应的专业方向并完成该方向的系列课程。完成培养计划内的课程后，应掌握相关专业方向的基础理论知识，熟悉相应的政策分析方法和技术，工作能力和潜力得到切实提高。③完成相当课时数的案例教学训练，提升在面临困境和难题时做出科学决策的思维能力和有效运用所学知识解决实际问题的能力。在公共部门完成达到培养方案规定时长的公共管理实践训练，并提交符合学位授予单位质量要求的实践报告。④应具备较强的综合能力，如较强的学习能力、沟通协调能力和创新能力，能完成公共部门纷繁复杂的工作任务，能应对突发事件，解决新问题。⑤学位论文应体现专业学位的特点，强调应用性和实践性，选择公共领域的现实问题，运用所学理论基础、专业知识，形成有一定创新性、科学性和有效性的论文成果。

三、研究生学位教育的课程设置

研究生课程设置应遵循以下原则。第一，要树立科学发展观，保证国家的教育与科技发展规划纲要的贯彻执行，在教育方针的指导下，遵循高等教育发展的基本规律，脚踏实地地改革教育发展模式。第二，要建立新的人才培养观，按照研究生教育中创新教育内容的要求，以培养研究生的批判精神和创新能力为中心，深入改革人才培养模式。第三，要树立高质量教育观，以国家急需、世界一流为目标，以调整课程结构为主要内容，革新研究生课程内容，大力促进课程内容与模式的国际化发展。第四，要树立先进的课程观，重视学生的学习体验，坚持动态生成课程观，立足于课程的教学方法革新，建设一流课程与优质教学课堂。第五，树立全面的质量观，要加强对课程系统建设的质量监督，提高课程建设的领导组织水平，建立既有中国特色又能达到世界先进水平的课程系统，全面提高研究生的教育质量。

学术型研究生的课程系统建设需要考虑多方面的因素，比如要处理好研究生的课程学习和科学研究之间的关系，同时也要不断加强制度体系的建设；在增添新课程的同时要考虑如何促进学科专业的融会贯通；深入推进教学改革的同时也要紧抓课程评价和管理工作，保证课程改革的质量。

我国现在的研究生教育强调的是课程和科研相结合，学生们不但要完成理论课程的学习，也要进行科学研究训练。现在部分研究生培养机构和导师不重视课程教学，只注重科研和论文发表，殊不知课程学习是研究生进行科研的基础，所以校方应该多关注课程教学方面的事务，把研究生课程体系建设作为工作重点。

同时，导师要注重将学科最新研究成果加入现有的课程内容中，保证学生可以学习到最新、最前沿的知识。导师在课程教学中要传授给学生科研方法，鼓励他们要有积极向上的科研精神，激发他们的科研创新激情。

应加强对研究生培养目标的研究，高度重视课程建设工作，基于课程目标和研究生的学习需求建设课程系统。认真调研研究生需要学习的科目有哪些，按照学生的需求设立课程，内容陈旧和低水平的课程要取消，内容相近的课程进行整理合并，优化课程结构，形成学科课程的特色和优势。加强创新研究，积极推动研究生跨专业学习，设立和发展跨专业课程，支持学生跨专业、跨科目、跨学院进行学习。加强基础理论教学，重视研究方法、实践教学和研讨课。鼓励研究生培养单位采取多种教学方式和手段，培养研究生的自主学习意识，提高其深度学习能力。鼓励学生进行团体学习活动，锻炼学生的应变能力。高度重视问题教学和实践教学，切实加强知识应用与转化工作，全面促进教研结合。

专业型研究生的培养目标、课程系统、教育内容等都是以专业和职业为起点的，更加关注社会的发展与生产实践，强调培养研究生的实际做事的能力。专业能够为学生提供一定的专业或职业知识基础，从而使他们能够从事特定的工作。专业及职业领域所强调的并非理智，而是进入职业领域的能力。专业学位与社会发展有着直接而密切的关系，社会发展会不断对原有专业进行冲击，使之必须迅速做出调整，尤其是在市场经济中，这种情况会更加明显。教育部在《关于做好全日制硕士专业学位研究生培养工作的若干意见》中提出："专业学位研究生的课程设置应该以实践为导向，以职业需要为目的，以综合素养、应用知识和能力提高为中心。"专业型研究生的教学内容不同于学术型研究生，其在教学过程中更强调理论联系实际。例如，使用案例分析或者现场研究方法，着重实践层面的技术操作；鼓励学生在实践中有意识地锻炼发现问题和研究问题的能力，同时在课程开展过程中，优先将学生的兴趣方向与实际问题有机联系在一起，激发学生的学习兴趣，提高课程教学质量。学术型人才可以由高校单独培养，而专业型研究生必须由多个价值取向相同的主体共同培养，如科研机构、企业和行业协会共同确定专业型研究生的培养目标，审定培养方案，按照国家标准，和大学联手培养专业型研究生。这些不同于大学的知识供给主体为专业型研究生提供了参与实践的平台。

第二节 研究生的学位授予管理

学位是授予个人的一种终身称号，表明称号获得者受教育的水平或已达到的学力水平。学位由正规高等学校、科研机构授予。对于硕士研究生和博士研究生来说，学位也是其学术水平的标志。研究生学位授予不是一个简单的流程，涉及学校的学位授权审核和研究生学位授予审核。

一、研究生学位授权审核

（一）我国现行学位授权审核制度

博士、硕士学位授权审核（以下简称"学位授权审核"）是指国务院学位委员会依据法定职权批准可授予学位的高等学校和科学研究机构及其可以授予学位的学科（含专业学位类别）的审批行为，是我国学位制度的重要组成部分，高校通过了国务院学位委员会的学位授权审批才有资格招收某种专业的研究生。1980年2月，《中华人民共和国学位条例》（以下简称《条例》）通过，国务院学位委员会于1981年按照《条例》规定在全国进行了第一次学位授权审核。2017年国务院学位委员会通过了最新的《博士硕士学位授权审核办法》（以下简称为《办法》），规定学位授权审核包括新增学位授权审核和学位授权点动态调整两项内容。

新增学位授权审核包括新增博士硕士学位授予单位审核、学位授予单位新增博士硕士一级学科与专业学位类别（以下简称"新增博士硕士学位点"）审核、自主审核单位新增学位点审核。

新增学位授予单位审核原则上只在普通高等学校范围内进行，并且严格控制新增学位授予单位的数量。为了保证我国研究生学位教育的质量，我国对新增学位授予单位的审核流程也有着严格的规定。省级学位委员会对符合基本申请条件的普通高等学校的资格和所提交的材料进行核查，并在本省教育主管部门官网公示并按规定对异议进行处理，然后组织专家进行评议并召开学位委员会会议，拟出新增学位授予单位的名单报送国务院学位委员会进一步审核。国务院学位委员会组织更高层次的专家进行评议选出最终名单进行十个工作日的公示，无异议后即通过了国务院学位委员会的审核。新增博士硕士学位点审核流程与此相似，但学位点的增加原则要根据社会需求来定。随着国家对专业学位发展的重视，新增学位应首先增加专业学位点。

自主审核单位的出现是国家将学位审核权限下放的表现，目的在于逐步有序推动学位授予单位自主审核博士硕士学位点改革，鼓励学位授予单位内涵发展，形成特色优势，主动服务需求、开展高水平研究生教育。与此同时，对自主审核单位的审核更加严格，其首先应是我国研究生培养和科学研究的重要基地，学科整体水平高，综合办学实力与学术声誉得到认可。自主审核单位要不断加强对新增学位点的质量管理，每六年接受国家的评估，如不符合申请基本条件或出现严重的研究生培养和管理问题，国家将取消其自主审核学位授权点的权限。学位授权点动态调整是指学位授予单位根据需求，自主撤销已有博士、硕士学位点，新增不超过撤销数量的其他博士硕士学位点的学位授权点调整行为。

（二）我国现行学位授权审核制度的积极意义

我国学位授权审核制度经过近四十年的发展变化，已经逐渐形成了按照国家发展需求来设置学位的原则，通过对总体的学位建设种类和规模的调整来适应不同时期社会和市场发展对人才的需求。也是在这个过程中，高等教育的分层办学思想被提出和落实，有效促进了高校学科的科学布局。在学位授权审核工作中，分层办学的指导思想被较早提出，旨在将优秀的研究生教育资源进行集中以构建一批高水平研究生人才培养基地，按照按需建设的原则，在保证研究生学位质量的前提下，增加和调整国家急需学科。例如，在1993年的第五次学位授权审核中，国家就对高技术学科、新兴交叉学科和应用型学科领域给予了政策倾斜；2009年，我国开始加大对专业学位的建设，国务院学位委员会审核通过了大批学校的专业学位授权，鼓励学生报考专业学位的研究生。

获得学位授权代表着一所高校的学科发展水平和学术水平较高，同时在高校能级结构中有一定的话语权，所以学位授权审核制度在一定程度上激发了高校对学位授权的竞争热情。学位授权审核有着严格的审核标准，主要包括学术水平和社会需求两个方面，但是学术作为学位的内在规定性，学位的授权必定取决于学术水平，所以在审核过程中要以学术水平为前提，再进一步考虑社会需求。学校会以获得学位授权为动力，在硬件方面购买先进的教学设备、改善师生的学习生活环境，在软件方面引进更加有学术能力的学者和更优秀的管理者，为获得学位授权提供有力的竞争条件。同时，学位授权审核工作对满足国家和社会的需求是非常看重的，办学单位会主动结合社会经济文化发展的需求，申报对社会发展贡献较大的学科。获得学位授权的单位会将授权学科视为宝贵的学科资源，从而进一步引进和培养优秀的人才，吸引更多的生源，这样一来，学科就有了源源不断的人才供应，更有利于这一学科的建设与发展。

学位授权审核制度在改革中不断完善，推动了高等教育管理的权力下放。自第四次审批工作起，国家开始批准部分管理制度健全的学位授予单位开展自行审批硕士学位授权点的试点；在第六次审核工作中，国家开始尝试授权省级学位委员会在一定的学科范围和数量范围内自审硕士学位授权点。学位授予权力的下放不仅使学位授予单位获得了更多的自主权，鼓励了研究生培养单位积极调整学科结构、创建办学特色以满足社会的不同需求，而且分担了中央的审核任务。

（三）学位授权审核制度存在的问题

2017年最新版的学位授权审核制度出台后，在学位授权和建设的过程中仍暴露出不少的问题。

首先，一些功利性强的办学单位急于获得学位授权，提升办学档次，吸引更多的生源为自己带来更多的利益，在学位授权审核过程中只重视前期的审核，轻视后期学科的建设。在我国还有一些学位授予单位将学位授权审核看作一种任务和要求，他们申报学位授权的出发点是不正确的，例如，一些学院想改名为大学，一些大学想跻身"双一流"行列，进而想通过增加学位授予点来提升办学档次，将增加学位授予点作为跻身名校行列的资本，而不是想真正提升学术水平，为国家发展提供更好的人才资源。这样一来，虽然前期审核通过了，但后期的研究生培养质量和学科建设无法保证，自我评估与审核的保障机制不完善，最终会导致学术水平下降、人才流失的现象。而这些学校当初占据了为数不多的学位授予点名额，在一定程度上导致真正想要提高学术水平、为国家输送优质人才的高校错失了发展机会。

其次，学位授权审核中两级政府的关系管理还有待进一步完善。美国的学位授予权是充分下放给大学的，联邦政府不参与学位授予；日本实行高度的中央集权制度，学位授权全部由中央政府完成。我国地域辽阔，各地域的发展状况差异较大，完全放权会使各地区高校没有统一授权标准，造成学位授予的混乱，高度集权的话又不能将各个地区和高校的特色发挥出来，所以这两种极端的做法在我国都不可取。我国现在采用的是国务院学位委员会代表中央政府行使职能，授权省级政府在学位授权审核中发挥有限作用，如审核硕士学位授权点。中央政府一直在尝试下放权力，使省级政府和有资格的办学单位有更大的自主权，但总是存在着审核混乱、质量下降的问题，导致学位授权审核制度改革出现时好时坏的曲折前进现象。学位授予的权力应如何下放、下放到何种程度，一直是学位授权审核制度改革中的一大问题。

最后，我国现在的学科布局仍然不能与社会经济文化发展的需要相契合。综观我国高校，大部分仍以传统学科为主，其中不乏一些市场需求很少的学科，而且学术型研究生的培养规模仍远超专业型研究生的培养规模，一些高新技术学科、应用性学科和交叉学科的占比不高且发展速度缓慢，学科的发展方向与社会对人才的需求结构不匹配。从地域上来看，我国学位授权中心化严重，即东部地区的学位授予点远超西部，再加上西部人才流失严重，研究生的培养数量无法满足西部的经济发展要求。由此可以看出，我国学位授权审核制度改革还有很长的一段路要走。

（四）学位授权审核制度改进建议

学位授权审核除了应关注学术资质外，还要关心后期的质量保证。学位授权点后续的质量建设，必须配套使用三级质量保证机制。学位授权审核是一项资质评估工作，建立博士、硕士学位点定期评价监察制度是保障学位点教育质量的有效方式，因此必须建立质量保证机制，将政府的行政监督、社会评估和培养单位的自评相结合。一是研究生培养单位要建立自我评价制度，坚持定期内部自检，对学位点的实时水平进行动态监测，促进学位点教育质量的提高和自我完善，并定期将检测结果提交给省级政府学位主管部门进行检查。二是省级政府设立学位授权审查评估机制，利用分档次的评价手段，对研究生培养单位进行打分，评估成绩优秀的学校，政府会为其提供办学资金，督促各办学单位向优秀学校学习。而对于评估成绩不合格的学校，政府会给予其整改机会，在期限内整改仍不合格的办学单位会被淘汰，撤销其学位点。三是国家、地方政府的学位主管部门要加强对学位授权点的客观信息的收集和整理，建立全国学位授予点信息库，分析学位点每年的运行情况，准确、实时掌握学位授予点的信息。此外，我国目前对学位授权实行的是无期限制，这不利于学科的发展与建设。所以可以尝试在学位授权审核过程中实行学位授权有效期制度，即获得学位授权有效期。在有效期结束前，研究生培养单位可申请上级主管部门进行学科评估，经过认证之后可进入下一个有效期。

科学放权。我国学位授权评估体系分为三个级别：国家、省级政府、学位评估单位。放权过程中，管理重心的下移是今后学位授权体制改革的焦点。国务院学位委员会的职能是宏观调控，规范引导，监督管理，具体包括：制定相关的法律法规，负责规划、布局、审核、完善授权管理体系；在遵守国家学位授权审核标准的前提下，将学位授权审批的权力下放给省级政府。省级政府在获得国家授权后，应制订中长期学科建设、学位点设置规划，统筹地方学位授予单位及学科点的布局，按规划执行学位授权，合理配置资源。中央政府实时掌握省级政府的审批情况，适时发布宏观指导政策和战略方向，鼓励地方政府制定有地区特色的审核机制，对学位点进行检查、评估和调整，正确引导学位授予点的学科建设。

根据国家经济文化发展需求，统筹安排、协调学科授权布局。一方面，要关注国家产业结构调整、市场需求和国家重大发展计划，跟紧国家政策及时调整学位授权审核的标准和方法；同时也要认真分析不同地区和不同领域的需求，以此为根据确定学位授予点的增加和减少，优化调整学位点布局。另一方面，通过预测我国经济社会发展状况，在学位授权审核上提前做好准备。市场导向的学术审核准入制模式是未来的发展方向，该模式可充分发挥高校和上级主管部门在学位点授权审核中的作用。高校更加了解自身发展情况和社会需求，所以高校能够更加灵活和迅速地应对市场，及时调整学科建设。但同时要注意高校在学科建设上比较注重近期利益，这就使高校不可避免地存在盲目性，无法将目光放得更加长远。因此主管部门要发挥自身的宏观调控功能，引导和帮助高校克服盲目性，着眼于更大的发展格局，通过制订学科发展规划和指南、定期发布学位授权审核的政策导向和人才需求状况等措施，宏观调控高层次人才培养的规模、层次、类型和地域布局。

二、硕士、博士学位授予

我国在《条例》中对硕士和博士学位的授予标准进行了规定，"高等学校和科学研究机构的研究生，或具有研究生毕业同等学力的人员，通过硕士学位的课程考试和论文答辩，成绩合格，达到下述学术水平者，授予硕士学位：（一）在本门学科上掌握坚实的基础理论和系统的专门知识；（二）具有从事科学研究工作或独立担负专门技术工作的能力。高等学校和科学研究机构的研究生，或具有研究生毕业同等学力的人员，通过博士学位的课程考试和论文答辩，成绩合格，达到下述学术水平者，授予博士学位：（一）在本门学科上掌握坚实宽广的基础理论和系统深入的专门知识；（二）具有独立从事科学研究工作的能力；（三）在科学或专门技术上做出创造性的成果"。

由此可以看出，《条例》规定了学位授予的两个前提标准：课程考试和毕业论文答辩。课程的设置在《中华人民共和国学位条例暂行实施办法》（以下简称《办法》）中也有规定：硕士研究生教育需要开设马克思理论课，使其掌握基本的马克思主义理论；开设三至四门基础理论课和专业课，使其坚实掌握系统专业知识；开设一门外语，使其能够比较熟练地阅读专业外文资料。博士研究生开设的课程与硕士研究生开设的课程相似，不同点在于基础理论和专业课的考试要由高校专门的考试委员会主持，而这个考试委员会是由学位评定委员会指定的三位专家组成的；另外，还要开设两门外语课程，第一外语要求具有写作能力，第二外语则只需要阅读能力。申请硕士和博士学位的人员参加学位授予单位的考试并合格后才可以进入下一阶段——论文答辩。在论文答辩环节，学位授予单位会设立学位评定委员会和与学科专业有关的学位论文答辩委员会，后者必须有外单位的有关专家参与，前者的组成人员名单则需要向国务院有关部门和国务院学位委员会备案。硕士和博士论文需要先通过学位论文答辩委员会的审查和答辩并获得三分之二以上的投票通过后再由学位评定委员会审查，获得半数投票通过后再向国务院学位委员会备案。至此，学位证书才能颁发给学位申请者。

实际上，不论是《条例》还是《办法》，其中的条款对学位授予标准都只是大体和笼统的表述，并未规定学校在具体实施过程中的具体标准，这就使学位授予单位拥有了很大的自主权。我们在对一些学位授予单位的标准进行调查后发现，影响学位授予的因素主要有四个：课程成绩、论文发表、实践训练和违纪处分。

一些高校对研究生学位课程成绩及格分数的规定只是照搬《条例》对课程标准的要求，即成绩达到60分就为合格。也有一部分学校对学位课程和非学位课程的成绩做了区分，例如，山东师范大学研究生的学位课程及格分数是70分，非学位课程及格分数为60分，成绩合格才可以拿到相应的课程学分。

论文作为学术水平的物化表现在一定程度上可以证明研究生的学术能力，有不少学校以在一定级别的期刊上发表一定数量的论文作为学位授予的标准，但《条例》中并没有研究生需要发表学位论文以外的文章的规定。高校添加的这项要求无形中增添了研究生的负担。

在实践活动方面，一些高校将参加学术科研会议作为硬性标准，有些学校将其纳入学分制度中或在学生的综合测评标准中占据一席之地。此项虽然不会影响学位授予，但是与研究生各类奖学金和评优挂钩。

在违纪处分方面，学校不会授予有考试舞弊和论文抄袭等有违纪行为的学生学位。

另外，国家颁布的学位授予标准内容比较宽泛，一些要求无法准确衡量，比如"坚实的理论基础"中的"坚实"到底是怎样的程度？再如"比较熟练地阅读"也很难界定。这些无法量化的要求就成了学位授予单位需要衡量的事情，一些单位可能会将通过四、六级英语测试作为熟练掌握英语的标准。可是统一的考试真的代表了学生对专业英语的掌握程度吗？因此，学位授予标准需要进一步细化，保证各个办学单位不会出现太大的标准偏差，以避免毕业生质量良莠不齐。

各个学科领域都有具体的培养要求，学术作为学位的内在规定性，学位是否授予主要取决于学术水平。我们也可借鉴一些国家在培养人才方面实行的"双轨制"，注重学术的同时不忘思想道德的培养，因此学位授予标准要注重学术性和非学术性评价的有机统一，这样才能培养出责任感强、道德水平高的高水平人才。

第三节　研究生的就业指导

一、研究生就业现状

自从研究生扩招以来，大学生对考研的热情有增无减，并将读研作为提升自身能力与竞争力的重要选择。有人把研究生学历看作谋求更好职业的"敲门砖"；有人将读研当作逃避工作的"避风港"；有人读研究生只是为了混个学历，并没有把提升自身能力作为根本目的。不管读研的学生到底出于什么目的，毕业研究生人数不断激增已是事实，难免出现研究生学历贬值、就业竞争力下降的现象。许多研究生不得不在就业市场上与本科生同台竞争，一些地区甚至出现研究生就业率低于本科生就业率的现象，而造成这些现象的原因是多方面的。

首先，我国扩大研究生的招生规模，而有些高校的发展速度和资源并不能满足数量不断增多的研究生的需求，一个导师可能要带十几个硕士研究生，再加上一些导师还有其他职务在身，无法对每个研究生的学习情况进行有效监督和指导。另外，研究生扩招意味着招生门槛的降低，这样一些对学术没有多少兴趣的学生也会进入研究生学习阶段，无形中降低了研究生的生源质量，他们在日后的学习中可能会出现"混学历"的现象，也有可能出现努力无果的现象，这些都会使研究生学历出现再贬值的危险。

其次，研究生对自己没有清晰的定位，有的人认为自己拥有研究生学位证书相比本科生而言就会"高人一等"，比本科生更容易出现眼高手低的现象。他们的就业期望值比较高，主要表现为对单位的性质比较挑剔，对薪资期望较高，向往大城市的稳定工作，不愿意投身基层建设。从另一方面来说，研究生由于年龄问题，更需要考虑家庭和婚姻等一系列现实问题，这使很多研究生处于两难的境地。但是事实表明，招聘单位从用人成本、用人风险等综合角度考虑可能更青睐对薪资要求不高、不用考虑太多因素而且能力不错的本科生，这一点在名校毕业的本科生和普通学校毕业的研究生身上表现得最为明显。

最后，研究生对自己的职业生涯规划不够清晰。大部分学生从大学进入研究生阶段后仍然认为自己处于"象牙塔"之中，"两耳不闻窗外事"地投身于学术研究之中，等到快毕业时才开始关注就业事宜。投身于学术研究不是错，但取得学位的最终目的和落脚点是就业，大部分研究生只关注学业规划而忽略了职业规划。学业规划和职业规划并不是两张皮，明确的职业规划会给学业发展提供方向，更有利于学生发展自己的兴趣和特长，可以使学生更有目的地利用学校和导师提供的资源与平台，同时对自身状况和就业环境有清醒的认识，避免毕业找工作的时候没有目标和方向。另外，研究生的创新意识在严峻的就业环境下能够为其带来新的希望，更能为其带来就业机会。如果研究生有自主创业的想法和能力，不但可以做自己想做的工作，还可以为社会增加就业机会，解决其他人的就业问题。但有的研究生突破不了传统观念的束缚，没有创新创业的勇气和魄力，还是更倾向于稳定的工作；有的研究生有创新创业的想法，但因自身能力有不足而无法成功。

二、高校就业指导现状

研究生培养单位在研究生就业方面起着很重要的引导作用，是研究生和用人单位之间的重要桥梁，但是各个研究生培养单位的就业指导工作并不尽如人意，问题比较明显。

就业指导具有较强的阶段性特征，大部分高校习惯把就业指导当作毕业年级的阶段性工作，重点放在学生临毕业时，想尽办法鼓励毕业生签工作合同以此来提升本校研究生的就业率。在这一阶段，毕业班的研究生会收到铺天盖地的政策宣讲、求职技巧培训通知和就业招聘信息。从学术生活突然切换到就业应聘的状态，大部分毕业生都没有做好准备，就像是还没有看过地图、装备也没有齐全就要去爬就业这座"大山"，上了"大山"的求职研究生既不清楚通往山顶的路在哪儿，身边也没有可以披荆斩棘的利器，那么他们通往山顶的路必将坎坷重重。这就是大部分高校的通病——忽视了教育主体的成长性，只在就业前期临阵磨枪，短期训练就像是完成学校规定的任务，其并没有设身处地地为研究生着想。

就业指导课程几乎处于空白状态，即使有课程效果也不尽如人意。在本科生阶段，绝大部分高校设有就业规划指导的相关必修课程；而在研究生阶段，就业指导课程几乎不被加入培养计划之中，少数高校也只会将就业指导课程纳入选修课中。仔细研究会发现，高校在就业指导课程上投入的专项经费不足，非常缺乏有资质的就业指导老师，教学人员可能都是管理人员或者其他老师兼任，研究生就业指导课程的教学方式和方法比较陈旧。当代研究生所接触的社会相比于之前来说是更加信息化、网络化的社会，所以传统的填鸭式授课方式已经不能适应当代研究生的思维方式；除此之外，就业指导课程具有非常强的实践操作性，原有的授课方式基本上不含实践教学环节，学生就失去了最重要的知识获取方式。这些因素综合起来导致就业指导课程效果很差，研究生不能从课堂中获取有效的知识。而就业指导课程的内容也没有得到科学设计，课程内容大多是过时的或者普适性的理论，而没有切实地对授课对象的特点和需求进行研究和了解。另外，高校也缺少对学生就业过程中所遇到的问题的调研和分析，这直接影响了就业指导课程的教学效果。举例来说，每个学校都有就业信息网向毕业生提供经学校筛选的就业信息，但这种筛选也只是非常模糊的、大致的筛选，确保真实性和可靠性，但是没有进一步针对不同专业进行就业信息推荐，毕业生对招聘信息是否适合自己也无法做出正确的判断，有可能造成毕业生简历乱投或者不敢投的现象，这就需要设置就业指导课程来指导他们如何有效筛选出适合自己的招聘信息，使自己的简历能够得到准确的投递。

理论内容不足，无法有效指导教学实践。我国虽然有与研究生就业指导课程相关的理论研究，但很少有学者从课程论的角度展开研究。课程论作为教育学的一门分支学科，可以从课程设计、编制、实施和评价方面对就业指导课程给出建设性指导意见，而大部分研究还是宏观层面的纯思辨研究，对就业指导课程的实践作用并不是很大。从研究成果数量上看，目前所发表的相关文献仅限于高校就业指导类刊物。例如，以"研究生就业指导课程"为主题，在中国知网上仅能搜索到的相关学位论文寥寥无几。可见，研究生就业指导课程相关的研究到现在还没有成为高等教育研究的主流。现有的就业指导课程大部分还是遵循着以前的陈旧思想，甚至与本科毕业生的就业指导课程相差无几，这样根本无法与瞬息万变的招聘市场相适应，研究就业指导课程的教学方法、理论和体系急需推陈出新。

三、研究生就业指导改进

研究生正处在职业生涯发展的初期阶段，他们的就业不仅关乎自身价值的实现，也反映着学校培养研究生质量的高低。就业指导课程对研究生有着重要的指导作用，国家对于就业指导课程的开设也给予了非常大的重视。2009年，国务院发文要求高校开设就业指导课程作为学生的必修科目；2013年，教育部发文指出高校要开展有针对性的就业指导，加强就业指导课程和学科建设，并对此门课程的进一步完善提出明确要求；2014年，教育部发文又提出高校要建立健全职业发展和就业指导服务体系并加强就业指导学科建设。高校的就业指导课程的建设与发展是刻不容缓的。

（1）加强研究生就业指导课程的建设，并将其加入培养计划中。高校要想办好就业指导课程，首先需要资金的支持，不管在硬件还是软件方面都需要投入资金，比如现代化多功能就业指导教室的建设、就业指导人才的引进。学校要确保这部分资金划入每年的总体支出，不能只有三分钟热度。高校可以组织校内外的专家学者对本校的研究生进行有针对性的课程设置，比如学术型研究生与专业型研究生对就业指导的需求是不一样的。专业型研究生的综合实践能力更强，可能他们本身就有工作经历或者专业针对性比较强，所以他们的就业方向比较明确，那么这一群体的就业指导可能更偏向于提高就业竞争实力和适应现有的经济发展框架；而学术型研究生对工作的了解不够多，就业方向不太清晰，那么这一群体的就业指导可能更倾向于工作方向的选择。简单来说，就是要做到以人为本，照顾到个人的专业与兴趣，使研究生找到最适合的工作。另外，高校不仅要关注校内的研究生群体，还要及时关注校外就业招聘市场的变化和已就业研究生的就业信息反馈，根据这些信息及时对校内的就业指导课程加以改进，确保学生可以得到与时俱进、不断创新的就业指导教育。最后，高校将就业指导课程加入研究生的培养计划中，为就业指导课程提供制度保障，也表明了高校对这门课程的重视和能够将其办好的决心。

（2）加强就业指导教师队伍的建设，转变教学模式。要想办好就业指导课程，一支优秀的教师队伍是非常关键的因素。高校不能任用资质不足的兼职老师，在就业指导课程列入研究生培养计划后，要实行严格的教师资格审查，确保就业指导教育的质量。高校可以通过引进就业指导人才和培养就业指导人才两种方式，积极从社会上聘用专业指导人员，或者派校内老师去接受专业培训使其成为有资质的就业指导教师。在教学模式上，拒绝一味使用填鸭式教学方法，应多使用体验式教学方法，即从就业指导教育的需要出发，为学生创设具体的就业场景和氛围，让学生产生情感共鸣，以便尽快了解就业形势、掌握就业技巧。近几年高校流行的"MOOC"课程资源丰富，学生可以听到全国各大优秀就业指导专家的公开课程，学校可以充分利用"MOOC"的线上课程作为线下互动教学的补充内容。总之，高校要有创新意识，教学不拘泥于特定模式，方式要灵活多变；同时，高校要有合作意识，在就业指导课程的建设与发展过程中，与其他学校加强沟通与交流，分享教学经验与教训，在教学实践中不断摸索有本校特色的教学模式和风格。

（3）就业指导课程要以职业生涯教育作为根本出发点。高校要明白就业指导课程的开设并不是以响应国家号召、满足国家标准为目的，而是真正站在研究生的角度、为研究生的职业生涯着想。职业生涯包含了一个人一生中的职业经历。就业指导更进一步说就是职业生涯教育，而这种教育从来不是在某一节点进行的，具有动态性和持续性特点。这就要求高校不仅要对即将毕业的研究生进行职业生涯教育，而且应从研究生入学抓起。随着研究生知识、阅历的丰富，在不同阶段进行与其相适应的职业生涯教育，保证研究生在职业生涯的探索和确立阶段能有正确的方向。

（4）高校在开设就业指导课程的同时也不要放松现有的就业指导措施。虽然各个高校在现阶段的就业指导体系不尽完善，但是现有的就业指导措施也对研究生的就业起到了或多或少的作用。在课程建设和人才引进的同时，要对现有措施进行不断改进，与就业指导课程合力发挥作用。首先，加强校内实践平台的建设，构建一套以就业为导向的教育实践系统。大力实施"三助一辅"制度，筑牢学校的实践平台。研究生在学校期间的科学任务相对繁重，不能像本科生一样有足够的时间到校外参加实习培训。高校应该高效运用各种校内资源和机会，建立以就业为目的的校内教育实践平台。目前，校内实践主要有助教、助研、助管和学生辅导员四种形式。这些实践既能锻炼研究生的实践能力，也能不断提高研究生的综合素质，增强研究生对所学知识的理解，提高研究生的学习能力、动手实践能力、语言表达能力、团队协作能力、发现和解决问题的能力。其次，加强对外合作，搭建校外实习平台。研究生教育管理和就业管理部门应该提高主动性，通过各种途径和手段与企业单位、政府机构、公益团体等社会单位建立合作关系，拓展实践基地，加强合作，为研究生提供更多的实践机会。这种校外实践方式，不仅增加了研究生的社会知识、职业知识，拓展了人际关系，而且拓宽了职业视野，使他们对有关职业有了更加深入的理解。同时，不同社会实践机构也有不同的人际资源，研究生在工作实践、与人交往的过程中也扩大了自己的人脉资源，进而增强了他们自身的竞争力，这对研究生以后的就业是非常有帮助的。一部分研究生在校外实践实习过程中可能觉得单位的工作理念和薪资符合预期，就会努力留在实习单位，将其作为毕业之后的正式工作单位；也有一部分研究生在校外实践过程中发现了自己真正的就业兴趣所在，从而确定自己的就业方向。总之，校外实践平台会给不同的研究生个体带来不同的体验和感受，这些对研究生以后的就业有很好的参考价值。

第九章 研究生的自我教育管理

第一节 研究生群体的特点

随着科技进步，我国对人才的需求日益增加，教育也逐渐成为国之大计、党之大计。研究生教育是我国培养高级人才的重要途径，能够为国家建设提供人才保障和智力支持。近年来，我国的研究生群体数量不断增多，使我国成为名副其实的研究生教育大国。

一、生理与心理方面

研究生一般在22岁到30岁之间，可能已有工作经历，甚至已经结婚成家，心智发展成熟，有趋向更高的成就需求，三观已基本形成，但仍有一定的可塑性。一部分研究生已有一定的社会阅历和经济能力，思想较成熟，独立性强，不易人云亦云，认识问题、解决问题和自我约束的能力都较强。随着我国研究生教育的发展，越来越多的学子选择加入考研大军，想要进入学术的象牙塔中继续深造。研究生也被赋予了更多的承担社会责任的期望，家庭以及研究生本人对其的期望也日渐增加，这在无形之中增加了研究生的心理压力。

二、学习与研究方面

首先，不同于本科生，研究生在年龄、来源、文化背景、生活习惯、学习方式、思维策略等方面显得较为复杂，研究生的招生规模小，班级功能有所弱化，教学和科研活动的主要组织形式不同于本科生，决定了研究生教育具有不统一性。无论是院系组织的活动，还是社团开展的活动，研究生有较大的参与度，这也反映了研究生群体的松散性特点。

其次，研究生学习压力比较大。研究生在高校中的首要任务就是学习，与本科生一样，研究生也要按培养方案完成相应课程。跨专业报考者在补充学习专业基础课程的同时，还要兼顾专业性较强的课程，并进行较为深入的学习，对研究生来说这也是一大挑战。研究生既是学生也是一个准科研工作者，在获取大量课堂知识的同时，还要成为知识的创造者，要在导师的指导下参与课题研究，并有所产出。

最后，研究生与导师之间的关系十分紧密。不同于本科生的班级组织形式，研究生从入学开始便跟随导师进行相关领域的学习、研究，在专业方向和研究方向上受导师的影响较大，既有较强的独立性、自主性，又有很好的合作性。

三、生活方面

我国的研究生教育分为两年制专业硕士和三年制学术型硕士，两三年的时间弹指即逝，很多研究生需要在完成学业的同时兼顾就业问题。当前，我国报考研究生的人数呈逐年递增的趋势，每年新增的研究生毕业生人数也逐渐增多，在就业市场上，研究生还要承受很大的压力。由于研究生在培养上有博士、硕士、硕博连读、提前攻博等多种类型和层次，同时，因其就读于不同的学科门类和专业，所以研究生在年龄、社会阅历、心理素质等方面又存在较大的差异。因此，研究生的学习、科研生活多以个体或小团体为主要形式，班级意识淡薄，这使得研究生人际交往的机会减少，在生活方式上也具有了更大的个体差异性。

四、思想政治方面

研究生都受到过良好的基本理论教育，经历过大学生活的熏陶，整体具有较好的政治素质，在政治上拥护党的领导，在思想上积极要求上进。研究生群体作为国家未来发展的中坚力量，作为未来各领域的精英分子，有义务更好地学习社会主义核心价值观并践行社会主义核心价值观。

第二节　研究生的生活与安全教育

一、研究生的生活

生活世界，是人存在于其中、经历着并能被体验的世界。教育，是培养人的活动，是影响人身心发展的社会实践活动。教育不可能脱离生活世界而存在，生活世界与教育都关注人。研究生教育的主体是研究生。研究生入学后将在校园里开启一段新的生活。每个研究生都对这段生活满怀希望，但这些研究生的生活状态存在着很大的差别。在研究生生涯中，有的学生勤奋学习，学业成绩突出，毕业后找到了心怡的工作；而有的学生荒废了时光，最后可能无法毕业。不可否认，研究生是提高我国科技与文化软实力的中坚力量，也是实现中华民族伟大复兴的核心力量之一，因此，关注研究生的生活是非常必要的。

（一）研究生的学习生活

1. 现状

研究生教育是高等教育的最高阶段。研究生与本科生明显不同，主要表现为研究生以自学为主、以研究为主的学习方式，在学习内容上以学习研究思路、研究方法为主，在学习目标上则以形成、建立科学研究的精神、习惯和规范为主。因此，研究生的学习是一种研究型学习。研究生的学术活动是自批量招收和培养研究生以来就客观存在的活动，最早是研究生自主发起、自愿参与、自行组织和设计的学术集会、交流、探究、调查、试验、著述等活动。研究生阶段的教育崇尚科学研究，重视学生学术能力的培养，以达到培养高层次人才的目的。除了学校规定的必修课程学习与本科生相似外，研究生的学习特征可以归纳为以下几点。

（1）自主性。研究生需要在导师指导下自主确定选题，设计研究过程和方式，解决可能面临的经费问题。由接受知识到创造知识，是研究生与本科生最大的不同。研究生不再被动地接受来自老师的知识，而是要进行自主学习；不再按部就班地学习学校的课程，而是有选择性地根据自己的专业、研究方向等学习对自己有用的课程，并进行深入学习和探索。研究生学习自主性的优点是可以研究自己感兴趣的选题，发挥创造性，因此产出创新成果的可能性较大。

（2）广泛性。包括选题的广泛性和参与者的广泛性。前者指选题可跨学科，没有时间的局限；后者指这类活动可以吸引很多研究生参与，又指同一选题可以跨领域。

（3）松散性。除了学校规定的必修课程外，研究生的大多数活动没有定时定量的任务和要求，没有严格的纪律约束。研究生在校集体活动比较少，经常单独或以小组形式上课、做实验、做课题，其教学和科研活动呈现出分散性的特点。同时，研究生还有可能需要经常到各地去调研课题，开展项目合作和社会实践，参加研讨会，这也一定程度上增加了研究生的流动性。

2. 功能

研究生的学习和学术生活是研究生教育的重中之重，尤其在重视科学研究的研究型大学中更是如此。研究生教育注重科学研究，致力于学生学术能力的开发，以此达成培养和训练高层次人才的目标。事实上，每次学术活动开展之前，参与者和举办者都需要思考的问题是：为什么要开展这项活动，它会起什么作用？耗费那么多的资源、消耗如此多的精力来组织、参与这一活动是否值得？想要回答这些问题，就必须清楚地知道研究生学术活动的功能有哪些。

（1）文化功能。大学里如果缺少了学术生活，学术氛围不够浓厚，大学也就不像大学了。同时，学习和学术生活又能促进学生热爱科学、追求真理、勇于创新、奋力拼搏、严谨治学、不断进取。

（2）创新功能。在遵循学术自由的前提下，研究生的学习和学术生活可促使其独立思考，大胆质疑，突破前人的见解，自由发表学术观点，不迷信权威，即使有些观点可能不成熟，也可以努力使其完善，从而发展创新能力。

（3）发展功能，主要指对研究生学术个性的形成和发展、学术风格的形成所产生的作用。大学为研究生提供了相互交流、展示自己能力和研究成果的平台，可通过活跃学术氛围的方法有效激发研究生的创造性思维，激励其积极探索，在活动中成长，在活动中受益。

（4）凝聚功能。随着研究生招生规模的扩大，生源渠道多样，研究生新生易缺少归属感。如果其能在社团或学术活动中找到志同道合的伙伴，不仅能促进学校与学生的关系和谐，而且可以帮他们解决一些生活学习中的问题，使他们快速在新的环境中找到自己学术和精神上的归属，从而形成对学校、对学术的"向心力"。

（5）交流功能，比如结识朋友、碰撞思想、激发灵感。其重要性在于可以进行跨学科、跨系所、跨院校交流。比如参加一些学术研讨会，不仅可以使所有参与者获得难得的交流机会，还可以开阔其学术视野。

（二）研究生的社会生活

研究生不再局限于在大学校园内进行学习和人际交往，而是更多地参与社会实践。中国大部分高校的研究生二年级会基本完成必修课程，剩下的全部时间用于完成毕业论文、协助导师完成课题和其他社会实践，拥有较多自由支配的时间。

1. 就业

随着社会不断发展、高校扩招、研究生招生规模的扩大，社会就业岗位越来越紧俏，学生的就业压力越来越大。而且，伴随着我国研究生群体日益变得庞大，研究生个体间也存在较大差异，一边工作一边攻读研究生的人不在少数。对于那些有工作经历或正在工作的研究生，他们清楚自身的长处与不足，对未来有更加明确的规划，能够把掌握的学术知识与职业选择的需求结合，主动学习今后必备的知识和技能，以积极的态度面对自己的职业选择。不过，他们也因此承受着来自工作和学习的双重压力和考验。而对于占研究生人群很大一部分比重、没有工作经历、与社会接触相对较少且长期在校园中生活的研究生来说，随着社会竞争的加剧，面对就业压力，他们已不再像以前的研究生一样有天之骄子的从容心态，而是要面临尴尬的就业困境。就业困难与否直接关系到学生的心理压力，部分研究生由于对前途感到忧虑、自我心理调控能力弱而造成了许多心理问题。

2. 人际关系

人际关系是影响研究生健康成长的重要因素。但是，由于研究生学习组织形式松散、同一专业学生规模小、班级意识淡薄等因素影响，研究生之间缺乏交流，甚至存在同学之间互不认识的现象。研究生的年龄、工作经历、经济能力、兴趣爱好以及家庭经济或社会地位等方面差异较大，加大了研究生之间发生摩擦的可能性。比如，同一宿舍内的研究生因各种差异发生冲突的可能性随之增加；同一个导师门下的研究生，因个性、经历等不同，也容易产生各种矛盾。导师作为研究生的培养人，与研究生之间的关系是否和谐，对研究生的学术成长和个人成长至关重要。根据最近几年的新闻报道，研究生与导师之间发生冲突的情况也时有发生。不同于本科生生活的单一校园环境，研究生还不可避免地与校外的人员接触，在拓宽人际交往与视野的同时，社会环境的复杂性也无形之中给研究生增加了压力。大多数研究生毕业后选择直接就业，培养和发展良好的人际关系不仅可以使研究生的人格、心理状态更加健康，也可以为其就业打下坚实基础。

（三）研究生的家庭生活

研究生大都为成年人，正处在恋爱、结婚的黄金时期，部分研究生可能已经组织家庭。同时，研究生因普遍被认为是接受了更多高等教育的精英，被家庭给予了厚望，有些研究生甚至还要承担起照顾家庭成员、提供经济保障的责任。研究生对家有着极强烈的归属感，希望拥有美满的家庭，得到社会的认同。一旦这一需要无法满足，研究生就会产生强烈的孤独感、疏离感。在承受着学业压力的同时，因交际圈子窄，认识同龄人的机会少，有的研究生的择偶观过于幼稚和理想，有的研究生过于现实，由不正确的婚恋观引起的不良事件在新闻中也屡见不鲜。此外，研究生的年龄正处于独立走上社会的分水岭时期，一方面渴望来自家庭的支持和鼓励，另一方面也想尽快独立，成为独立的个体。这就需要研究生找到家庭和学业生活的平衡点，在承担作为子女、父母的责任与义务的同时，兼顾好科研、就业等方面的个人追求。

（四）研究生的文化生活

1. 现状

研究生是高校学生群体的重要组成部分，是高校文化建设的骨干。研究生的文化生活体现了高校的治学水平和创新能力，对校园文化发展也有着重要作用。总的说来，研究生群体文化具有以下突出特点。

一是学术性。研究生教育本着科学研究的精神，重视研究生学术能力和创新能力的培养，为社会培养高层次人才。在这一过程中，学习"以研究为本"，学生从被动接受学习逐渐转变为在导师的指导下发现知识、研究知识、发展知识，提高科研能力，体现学术性和研究性。科研不仅是研究生教育的重要手段，也是研究生生活的重要内容，其文化活动的开展，也必须以学术为中心，以促进学术交流为本。

二是松散性。研究生在年龄、来源、文化背景、生活习惯、学习方式、思维等方面不像本科生那么单纯，有一定复杂性。研究生有各自独立的生活空间和颇具个性的生活方式，使得研究生群体文化显现出松散性的特征。

三是自主性。研究生独立能力较强，有较好的政治素养，自我教育的能力强，在学习、研究、生活中，无论是大事、小事，还是公事、私事，大多需要研究生独自处理。

2. 问题

校园文化建设对于研究生的健康成长具有重要意义，但以往的校园文化建设重点多在本科生身上，研究生群体的文化建设被边缘化。

首先，观念上，人们认为科研是研究生学习的唯一核心。不少学校领导和导师也认为，研究生只要一心做好科研工作就好，把参加社团活动和社会锻炼归为耽误时间的事情。与此同时，因为独立性强、分散性较大等原因，研究生缺少奉献精神和参与意识，有些研究生甚至认为参与校园活动是浪费时间、幼稚的行为等。

其次，研究生群体文化缺少制度保障。主要表现为校方缺少对研究生群体文化建设的领导，高校财政无经费支持，研究生文化活动的开展难度大、频率低，缺少研究生骨干力量的参与和服务等。

最后，研究生群体文化活动的形式和内容较为单调，调动广大研究生的积极性存在困难，研究生的主体性无法发挥。有些研究生一味抱怨交流活动开展频率低，但活动开展后他们的参与积极性反而不高。深入分析，究其根本是活动形式单一，缺少创新，不能满足研究生的心理预期。虽然高校会举办文化活动，但是这些活动往往走马观花，流于形式，只有部分研究生能参与其中，而其余研究生要么缺少参与机会，要么漠不关心，甚至很多研究生对活动开展的具体情况无从得知。

3. 功能

首先，研究生的文化生活对校园文化的层次和水平有很大的提升作用。相较于本科生，研究生的知识面和阅历更广，对校园文化的理解和认识更透彻。高校的教学水平和办学理念，能从其培养的研究生身上得到很好的体现。

其次，有利于丰富校园文化建设的内涵。研究生社会经验比较丰富，有较强的创新意识和辨别是非的能力。在参与高校的各项活动时，研究生群体可以充分发挥自己的优势，使高校校园文化建设的外延得到拓展，进一步完善校园文化建设的层次和内涵。

最后，研究生的文化生活改善，有利于促进校园文化的发展。

（五）研究生的经济生活

据相关统计，中国高校在校生中有一部分是贫困生，而其中还有一部分是特困生。调查表明，半数以上的贫困生承认自己面临着巨大的学习、生活压力，这些压力很大程度上加重了他们的心理负担，而一些贫困生并不懂得如何去化解这些压力。研究生一般依靠家人资助读研，没有固定的收入，奖学金和助学金常不能满足多数研究生基本的生活需要。特别是对一些已婚的研究生来说，他们还面临着购买住房、抚育下一代的压力。许多研究生因为经济紧张感到恐慌与不安。还有一部分专业型硕士研究生，由于培养制度、学校所在城市消费水平、公自费双轨制政策等因素影响，需要承担较为繁重学业费用和生活支出。特别是近些年，随着物价水平上涨、通货膨胀，研究生群体的生活成本大大增加，经济状况紧张是他们不可回避的问题。很多研究生通过申请助研、助教、助管等途径解决了一部分现实困难，但惠及面窄、待遇偏低、缺乏相应的选聘与考核机制。这些现实困境迫使一部分研究生选择校外兼职，导致无法将主要精力放在学业上，背离了研究生教育的宗旨，很可能影响其人生总体的规划。可见，经济状况已成为影响研究生生活的重要因素。

二、研究生的安全教育

在世界范围内涉及学生群体安全的事件频频发生，严重危害校园、社会秩序，造成损失。由此可见，安全，对于个人和高校都是非常重要的，是高校正常运转和发展的基础。研究生在校或在外学习和生活期间，不可避免地要面临一些安全隐患，然而大部分同学对这些风险缺乏防范意识。学会规避风险，增强防范危险意识，让研究生能够顺利地度过大学生活，安全教育至关重要。尽管当前社会环境相对安全，但学校内依然有安全死角。这些安全隐患一旦在现实中发生，就会给高校的安全稳定带来重大的负面影响。近年来出现的众多研究生安全事故也告诉我们，研究生安全教育依然是当前高校安全工作的重要内容。

1. 现状

（1）生命财产安全方面。与中小学生以及本科生相比，研究生的生活特点和学习方式决定了其在交通安全、食品安全、实验操作安全等方面有一定的安全薄弱环节。许多研究生已经考取了驾照，驾车出行的机会多，还有可能出国或者到外地访问交流，因此需要更加注意交通安全。

（2）饮食方面。俗话说"民以食为天"，研究生不管是在校内还是在外出差，食品安全都要摆在一个首要重视的层面上。另外，随着外卖食品等的流行，研究生也要学会辨别食品是否卫生、安全。

（3）安全生产方面。安全生产教育这几年在研究生的安全教育中呈边缘化的趋势。理工科类研究生在进行科学研究的过程中不可避免地要进行科学实验，实验中需要使用到品类繁多、装置复杂的实验器具，其中不乏有毒和危险物品，这大大增加了安全事故发生的隐患。

（4）心理安全方面。研究生群体由于年龄层次和知识结构等原因，在面临求学、就业和婚恋时有较高的预期目标，需要承担的社会责任和压力也相应增大，由此可能导致价值观扭曲、自我否定等不健康的心理状态，进而导致发生危害校园安全的恶性事件。因此，加大心理安全教育工作力度，有效帮助研究生调节心理状态，提高其抗压能力，是近年来高校研究生安全教育工作的重点之一。

（5）国防安全方面。有研究调查显示，我国的大部分科研成果都有研究生的参与。这反映出在高校或者研究院所中，科研活动的主力军之一是研究生群体。研究生参与科学研究有助于培养其创新和实践能力。一些高校参与完成的有关国防安全的涉密研究也少不了研究生的参与。在涉密科研活动中，增强研究生的保密意识，培养研究生的保密能力，是研究生管理工作者和高校科研管理工作者需要认真思考的问题。

（6）思想道德安全方面。不同的人有不同的价值观标准，一旦研究生形成了错误的价值观，那么就需要学校的正确教育和引导。但是由于研究生群体较为松散，数量较少，以及校方可能存在教育方式、观念滞后的问题，可能会对高校及研究生个人带来一些负面的影响。研究生需要有自己的做人做事标准，更应该具备判断是非对错的标准。现阶段，研究生群体多以"90后"为主，重在实现自我价值，因此思想道德安全教育值得重视。

（7）网络安全方面。随着互联网的飞速发展，网络安全教育已经成为高校教育工作者面临的新课题。同时，大数据时代来临，互联网信息规模庞大，电子金融和电子支付手段飞速发展，网络安全问题成为困扰校园安全管理的重要问题。研究生群体虽普遍具有明确的是非观念和判断能力，但他们正处于婚恋、就业、创业的人生重要转折点，在急于求成的心态下，容易成为网络犯罪分子的目标。近些年，利用网络对大学生以及研究生进行诈骗的案件屡见不鲜，还有因上网不慎导致个人信息泄露带来的一系列问题也持续困扰着研究生群体。

2. 问题

随着高校办学规模逐步扩大，研究生招生人数逐年增加，研究生生源和年龄结构日趋多样。面对复杂的社会治安环境，高校研究生安全教育工作迎来了巨大挑战。作为高校研究生素质教育的重要组成部分，研究生安全教育不仅关系到学生自身的全面发展，也影响着学校的教育质量和教学氛围，以及社会的和谐稳定发展。虽然研究生安全教育工作已得到了政府、社会、高校多方的重视，工作机制也朝着日益完善的方向发展，且已经取得了一些显著成果，但因为一些客观因素影响，整体效果不够显著，问题仍然突出。

（1）研究生安全教育发展不均衡。研究生群体生源结构和年龄层次结构较为复杂，本科生时期所接受的安全教育力度和内容参差不齐，因此，研究生个体的安全意识和防范能力水平存在不均衡的现实问题。同时，个体对安全教育的接受程度和重视程度均有差异，同时也受本科生时期形成的安全防范意识和知识的限制，这进一步造成了研究生个体对安全教育的理解和重视程度的差异化和不均衡化。教师层面，研究生指导教师、研究生辅导员、研究生秘书等相关研究生工作人员应在校园安全问题上形成统一认识。但教育体系不完善、内容滞后、教育形式单一、缺乏约束机制等这些实践过程中暴露出来的问题，都有可能使安全教育无法达到预期效果。

（2）研究生安全教育落实不到位。研究生群体科研工作多，闲暇时间少，时间安排十分紧凑，无法像本科生一样定期、定时、定点地接受系统性的安全教育，并且研究生只是高校学生群体中的少部分，配备的老师相对较少。因此，教育的进程可能会受到影响。从部分高校的规章制度来看，本科生和研究生的基本要求和管理办法是有一定区别的。本科生会被学校明确规定熄灯及上网时间、请销假、寝室卫生和作息等制度，而研究生在生活和学习方面的管理制度相对宽松，部分研究生尤其是博士研究生和在职研究生，不长期居住在学校，没有严格的请销假制度约束，集体教学活动参加得少，这些都为研究生安全教育和管理工作的落实增加了难度。

（3）研究生安全教育工作思路不先进。目前，安全教育工作虽是各地高校管理的重中之重，但可能存在部分高校制度不合理、缺少一定的科学性、不能与时俱进的问题。高校安全教育的重心一般放在本科生身上，因此，相应的安全教育方针与思路也大多是围绕本科生的群体特征和需求展开的。研究生安全教育工作受到研究生群体的松散性和数量较少等特性影响，应与本科生的安全教育工作有所不同。但大部分高校在实际的安全教育工作中不区分研究生和本科生，"一刀切"的形式和观念十分常见。事实上，只有认识到研究生群体的特征和习惯，以与时俱进的教育思路，有针对性地制订科学的、系统的教育计划，才能真正使研究生安全教育工作达到效果。

（4）研究生安全教育工作内容不全面。研究生安全教育工作涵盖方方面面，但是在安全教育工作实际执行的过程中，侧重点各有不同。除了当前高校的安全生产教育和消防安全教育工作有较为完善的体系外，心理安全教育工作，包括心理咨询和心理干预工作的手段还较为匮乏，心理问题排查得不够全面；网络安全教育的手段单一，教育内容略显单调，无法应对遍地开花、瞬息万变的网络安全隐患，这一缺失可能会让某些网络犯罪分子乘虚而入，破坏研究生在生活、择业、婚恋等方面的安全保障；国家对安全教育的覆盖面较为宽广，但是教育形式较单一，无法全面调动研究生参与的积极性；交通人身安全教育中，高校往往把校外的交通安全教育作为重点，忽略了研究生在校园内出行、参加社团活动的交通安全。

（5）研究生安全教育师资力量不足。目前，研究生安全教育工作主要由各个高校保卫处、辅导员和研究生导师进行，多数没有经过专业安全教育培训，没有专职的安全教育人员。师资力量的严重不足，影响了研究生安全教育工作的开展。

3. 对策

（1）落实责任，完善研究生安全教育工作长效机制。明确导师作为研究生管理工作第一责任人的岗位职责，其除了要负责研究生在校期间科研学习的任务之外，还要了解研究生的思想政治情况，掌握其生活动向。要调动导师管理的积极性，提升导师和教师的安全责任意识，使安全教育工作渗透进专业教育中，在专业教育中引入安全教育的相关知识，并努力寻找安全教育与专业教育的结合点，提高研究生安全教育的有效性和全面性。研究生秘书与分管研究生工作的辅导员也要多与研究生群体接触，掌握研究生群体的心理特征，了解其思想动态，做好研究生思想政治工作和安全教育工作的组织者和执行者的角色。导师和其他相关老师要加强安全教育业务方面的培训，与实际工作经验相结合，制订科学有效的研究生安全教育规划，更好地为安全教育工作提供保障。充分调动骨干学生的力量，研究生干部可辅助研究生秘书做好安全教育工作的策划；学生党员是全体学生的排头兵，应积极发挥党员的带领作用；辅导员结合自身工作经验和对研究生群体的细致了解，协助心理辅导教师做好学生的心理调节工作，使心理安全教育工作有序开展。

（2）齐抓共管，构建合理的机制。将安全教育融于学校的日常管理中，建立电子签到制度，对研究生宿舍、实验室、教学楼定期进行消防安全检查，严格管理，提升学生和学校的安全意识，警示和教育广大师生群体。针对研究生群体可能上当受骗、遭受危害等情况，应从研究生的自身生理、心理、认知水平等实际情况出发，合理安排安全教育的内容，将法律知识、安全防范知识、安全管理制度和心理健康常识等教育常态化，让研究生充分提升安全意识，掌握安全防范措施，及时排除周围的安全隐患。同时，把自我监督与学校的管理相结合，构建以研究生为主体，以研究生学生会、学生党员为辅助的安全教育工作体系，使其自我监督和自我约束的能力充分发挥，主观能动性积极提升，培养防患于未然的能力以及如遇险情第一时间上报的意识。将重点教育和全局教育有机结合，除在节假日、特殊事件发生时的重点教育外，也要针对特殊个体、特定情况进行单独的、有效的安全教育。把握重点，以点带面，推进研究生安全教育工作快速发展。

（3）构建基于互联网的安全教育网络平台。

一是推出有关研究生安全教育的相关课程。充分利用互联网方便、快捷的优势，普及相关法律法规、安全常识、安全事故实例等内容，并制作成网络教育课程，提高学生们参与安全教育课程的积极性，使学生更多地接触安全教育，建立多元化、动态化的安全教育模式。

二是建立信息传达网络。对涉及研究生安全教育的各职能部门统筹规划，做到信息传达网络校级全覆盖，使导师、研究生秘书、实验室负责人、学生安全教育小组负责人、各寝室联系人和研究生干部等都作为信息网络的重要参加成员，从而使信息网络上的相关成员能在安全隐患或安全事件发生时，第一时间得到消息，并及时地解决问题。也可以把学校的相关文件通过此网络传达给相关人员，也可通过此网络使学校实时掌握学生的思想动态及近况，了解研究生的思想波动。

（4）引入专人专职管理模式，提高教育的专业化程度。

一是培养一支专职的安全教育教师队伍，规范研究生安全教育管理。目前的研究生安全教育课程大多是由学校的辅导员等行政人员来负责，研究生教学秘书、研究生学生会成员等共同参与，因此，在专业性、准确性、覆盖性上可能存在不足，也可能存在安全教育信息过于陈旧等问题，这也是安全教育由非专业人士承担所带来的负面影响。因此，在学校的支持下，让专职的安全教育教师通过培训获得更为系统、科学的安全教育知识和安全教育理念，制订更加系统、科学的研究生安全教育计划，可以提升高校安全教育的质量和效果。

二是引入教育机构，这是做好教育培训的重要手段。除了保卫处等相关职能部门外，高校其他基层部门大多缺少专业的安全知识和培训能力。社会上的有关机构则可以弥补这种不足。这种机构的人员大多由退伍军人或退伍的消防员组成，免费为政府机关、企事业单位、大中小学提供安全知识宣讲。他们不仅具有充分的安全知识储备，而且经验丰富，授课方式生动，能结合实际案例，大大提升教育效果，无形中会影响学生的安全防范意识。因此，充分利用社会资源，引入专业机构和专业人士进行教育，也是提升高校安全教育有效性的重要手段和途径。

（5）加强思想，提高对研究生安全教育工作的重视程度。作为高校安全教育的重要内容，研究生安全教育与本科生安全教育应该双管齐下。只有加强思想建设，提升重视程度，才能真正地依据研究生群体特征制定科学、合理的安全教育制度和体系，促进校园安全稳定。

（6）提高研究生的安全教育意识。研究生既是法治建设的主体，又是法律适用的对象。提高研究生这一群体的法律素质尤为重要，研究生的法律素质关乎我国社会主义法治体系建设，关乎我国依法治国的基本国策，关乎我国长治久安的治理观念，对我国的发展具有重大的现实意义。研究生通过培养法律意识和安全意识，了解与自己切实相关的权利、义务和责任，逐步树立正确的法治观念，自觉地遵守国家的法律法规，做到知法懂法、自觉守法。高校应提升研究生适应社会的能力、防范重大风险能力，增强危机处理意识和处置能力，让研究生将所要履行的社会责任牢牢记在心中。

（7）加强对研究生的心理辅导与教育，开展一系列有助于研究生身心健康的活动。增加婚恋观方面的教育，使研究生树立正确的恋爱观。定期对学生进行心理素质方面的测评，建立心理健康档案，密切关注心理健康方面存在隐患的同学。开展各类活动，丰富学生的业余生活，助其更好地排解压力。引导学生重视心理健康问题，充分认识自己的心理状态，科学地维护自己的心理健康。

（8）增强对研究生交际能力的培养，帮助研究生摆脱交际窘境，增强校园的安全稳定性。为此，高校要倡导研究生树立平等的交际态度，促使其以宽容、尊重、理解的态度对待他人，减少不必要矛盾的产生，更不会因为心理失衡等原因做出危害自身和他人人身安全的事情。与此同时，也要从多个角度教育研究生提高安全防范意识，在与陌生人交往的过程中，防人之心不可无，还要警惕社会上的不良诱惑。

第三节　研究生的自我教育

一、概念

1. 内涵

教育，广义上指影响人的身心发展的社会实践活动。自我教育，作为教育的最高层级，是指发展主体通过对自身及社会的审视，主动合理地确定发展目标，调整学习策略，并转换自身角色，成为教育活动的施加者和对象，积极主动而不是被动地接受外界影响，利用有利的外部条件实现自身的可持续发展。自我教育的内涵曾被人们广泛地讨论和思考过，苏联教育家苏霍姆林斯基说："教育是他人教育和自我教育的统一体。"中国古代思想家朱熹认为，自我教育就是要个体发挥认识能力，把握道德规范，对每一件事物都逐一理会，格自然之物，真正懂得"这事当如此，那事当如彼"。

2. 特征

（1）目的性。教育行为和教育活动一般来说都是在教育目的的指导下开展和进行的。而自我教育的目标则需要按照自身情况和社会的需要来制定，这样有利于个体在社会中生存和发展。从长远的角度来看，人的发展有一个整体性的目标，这一目标虽然离实现显得有些遥遥无期，但也并非触不可及，会在潜意识中指引人前进的方向；就短期而言，存在一些短期性的或是阶段性的目标，为了实现这些目标，个人会在内驱力的引导下自觉地进行学习和自我教育，积极提高自身素质，以达到向着目标距离越来越近的目的。

（2）自主性。提到自我教育不可避免地要谈到自主性，因为人是具有一定惰性的个体，与自主性相悖。自主性在三个方面对个体起到了促进作用：一是选择目标具有自主性。即个体更倾向于按照自身的内在需求，服从内在的意志，因此，个人目标带有鲜明的个人特征，表现为个人喜爱的事业和追求的奋斗目标受个人的兴趣、爱好、特长影响。二是行动过程具有自主性。在自我教育过程中，总会产生各种问题。面对不同的见解、观点，独立思考能力是个体必须具备的。应坚持质疑和批判精神，面对各种思潮和观点个人可以进行分析，形成自己独特的思想和观念，最终塑造具有鲜明特点的人格。三是自主克服困难。在自我教育过程中，遇到困难和阻碍是不可避免的。是直面阻碍，还是原地踏步，取决于个体是否有坚强的意志力。如果个体能够对行动有着正确的认识，就会积极主动地对自我行为进行控制和调整，为实现既定的目标坚持不懈地努力奋斗。

（3）发展性。人都有理想和目标。每一个人在成长的道路上都有发现自我的需要，并在内在驱动力的指引下，向着自我实现这一需求发展。自我实现是一个漫长而艰辛的过程，它是靠着滴水穿石的韧劲累积起来的。这个积累的过程，也是每个人不断自我实现和发展的过程，也是不断向更高层次发展的过程。自我教育的过程，也是个人不断追求自我完善和进步的过程。

3. 必要性

高等教育的最高层次是研究生教育。研究生群体有较强的自我管理能力，思想较为成熟，创新思维活跃，有必要进行自我教育。

（1）自我教育是研究生全面发展的内在要求。

首先，自我教育是研究生顺利完成学业的重要保障。在学习方面，研究生已经系统地接受过大学教育或者同等学力教育，具有一定量的知识储备，在学校中既是科研的中坚力量，也是在校生的重要组成部分；在生活方面，研究生具有较强的独立意识，生活几乎全部由自己来调控，同时，还可以在课余时间兼职，一方面可以减轻家庭的经济压力，另一方面可以增加社会实践经验，以便在毕业后能更好地适应社会竞争和工作压力。从研究生自身特点来看，其所掌握的知识面较广、独立思考能力较强、思想和心理较为成熟、自我规划和管理意识较强、自我表现的意愿更加强烈，这些都是研究生进行自我教育的内在动力。从培养模式来看，我国多数高校对研究生培养采用课题组集体培养模式下的导师负责制，课程已经不再是研究生学习的核心内容，学习场所也从教室向研究生工作室或实验室转变，研究工作几乎都在导师或课题组负责人的指导下由研究生个人或与其他同学一起完成。这样的学习环境自由度高，需要学生有很强的自控能力和自我调节能力。从业余生活来看，研究生相对独立，班级概念较弱，群体性课余活动较少。因此，生活方式、培养模式以及自身特点等决定了研究生在培养过程中必须重视自我教育，应通过自我教育来加强自我认识，提升自控能力与自我调节能力。

其次，自我教育是培养研究生综合素质的有效途径。一方面，随着自我教育能力的增强，学生的自我约束能力和执行能力均已得到显著提升；另一方面，自我教育可概括为个人在社会发展要求和自我要求目标的引导下，积极主动地开展教育活动，所以自我教育过程也是学生发挥主观能动性进行自我完善的过程，是其提高发现问题、解决问题能力的有效途径。

生命是有限的，但研究生们可以在有限之中创造永恒，那就是不断致力于人格的完善，同时用自己的创造力为我们的国家、我们的民族，为个人的发展与进步做出努力。

（2）自我教育是研究生德育工作开展的需要。

部分部属高校的研究生招生规模与本科生相当，有些部属高校的研究生招生规模已经大于本科生，然而几乎所有高校的研究生德育工作队伍人数均不足。以专职辅导员配备为例，在研究生招生规模与本科生相当的情况下，多数高校的研究生专职辅导员人数仅占本科生辅导员的一半，甚至更少；另外，导师作为研究生德育工作第一责任人，作用发挥得还远远不够，教学秘书等教辅人员也存在不同程度的缺位。

（3）自我教育是面向市场经济的需要。

伴随着改革开放和市场经济制度在中国的建立，社会生活和人们的思想观念也发生了巨大变化。随着市场经济的发展，市场经济利益多元化、价值取向多元化的特点也逐渐显现，这也让人们的选择渐渐丰富、多元。这一现象使作为市场主体的人，更强调个人的主观意识、自我选择和自我调节。作为未来经济建设的主力军，研究生的自我教育能力成为必备素质。如今的研究生往往会表现出独立、自主、创新等鲜明的时代特征，这也是研究生未来会成为社会主义市场经济主体的素质。能动性、反馈性、调节性、迁移性以及有效性都是自我教育的特性，要真正适应市场经济"自由竞争、优胜劣汰"的基本法则，成为市场经济的主体，更好地生存和发展。因此，自我教育不仅仅顺应了市场经济发展的需要，而且是围绕着社会主义市场经济的发展而实施的。

（4）自我教育是适应现代科技社会发展的需要。

对科学前沿的掌握和了解，是研究生自我教育中至关重要的一个环节。充分掌握科学发展的趋势和时代的脉搏，使科学领域得到长足发展，更好地让科学服务于全人类，是研究生教育的重要意义。研究生们当前的主要任务也是发展科学和坚持创新。

二、现状

1. 自我教育认识充分，但参与不足

研究生的高学历背景决定了他们对新知识具有很强的接受能力，环境适应、自我认识的能力也较强，性格较为成熟，对自我教育的内涵、意义也具有较深的理解。同时，他们也大多赞同入学阶段是开展自我教育的最佳时期。当前，高校、研究生对自我教育的认识比较充分，但调查显示，很多研究生的自我教育仅停留在认识层面，主动参加自我教育实践的学生少之又少。

2. 内容相对陈旧，吸引力不强

目前，我国高校研究生入学所开展的自我教育内容主要集中在心理健康、防火安全、学业发展等方面，对当下学生所关注的团队协同创新、信息获取与利用、能力培养以及就业能力提升等问题很少涉及。很多研究生认为自我教育效果不理想，不能契合研究生群体的实际需求。究其原因主要在于自我教育的内容陈旧或空洞，将自我教育变成了填鸭式的被动教育，不仅达不到提高学生自我教育素养的目的，反而会抑制学生自我教育能力的发挥。

3. 教育途径单一，适应范围不广

与本科生相比，研究生入学教育模式相对固定，缺乏创新。大多数高校将培养研究生自我教育素养作为工作的出发点和落脚点，多采用讲座、报告会等集体教育形式，缺乏实践锻炼、自我教育等环节，无法适应日益多元化的研究生群体需求。很多研究生认为入学自我教育形式陈旧，没有顺应研究生群体的特点，时代感不强。

4. 指导力度不足，流于形式

当前研究生入学教育主要有组织教育和自我教育两大部分。高校在研究生入学教育计划中没有明确自我教育内容，辅导员等与入学教育相关的人员把绝大部分精力投向了组织教育工作，而学生自发组织的教育活动多数成为学生间的"独角戏"，极少得到教育者的指导。此外，大多数高校未建立研究生自我教育评价体系，少数高校虽有相关机制，但实际运行效果差强人意。缺乏指导的自我教育，不仅会大大降低教育效果，也难以确保教育内容的主旋律。

三、实现

结合当前研究生的特点，研究生自我教育应以自我教育的科学内涵为指导，充分发挥学生在自我教育过程中的主体作用，坚持"引导性、互助性、激励性、规范性"的总体要求，力争使研究生入学自我教育的实效性与长效性相统一。

1. 完善教育计划，明确自我教育的重要地位

制订专门的自我教育计划，并将其纳入研究生教育体系。研究生的特点决定了他们不能开展被动式教育，高校应建立完善的教育计划，将自我教育提升到人才培养不可或缺的重要组成部分的高度，让全体教育者高度重视此项工作，积极营造自我教育氛围，引导研究生主动开展自我教育。

2. 加强党建工作，确保自我教育活动的主旋律

自我教育的突出特点是教育主客体的合一性。为确保所培养的人才具备合格的思想政治素质，高校必须强化对教育活动内容的管理，确保教育活动的主旋律正确。研究生中党员所占比例较高，多数高校研究生党员比例占全体学生党员的半数以上。研究生党员具有过硬的思想政治素质，所以研究生党支部是确保自我教育活动主旋律的核心组织依托，应通过加强

研究生党建工作，强化党支部在自我教育中的政治核心作用。

3. 增强人文情怀，加强校园环境保障

高校的文化建设和人文精神塑造要双管齐下，使其并驾齐驱，做到有机地结合在一起，彰显高校的文化底蕴和学术氛围。高校校园文化建设应在学生的学习、生活、工作等方面全方位渗透，积极发挥潜在的引导力和影响力。因此，学校要竭尽所能地加强高校的文化建设和人文精神塑造，注重人文情怀，为研究生创造一个充满文化气息和人文关怀的校园环境，让研究生可以在此环境中愉悦地学习、生活、工作，使其自觉地树立正确的人生观、世界观、价值观，达到自我教育的效果。

4. 提供助学制度保障，创造良好的学习环境

研究生群体具有较强的独立意识，希望实现经济独立，但又要面对来自生活方方面面的压力。这给研究生的自我完善和自我成长之路又带来许多负面影响。高校应进一步完善研究生资助政策，切实做到既能保障研究生群体的基本生活，又能促进研究生在体制框架内更好地进行自我管理。高校根据各地区经济发展水平，适度提高对研究生的补助，建立有关勤工俭学的制度保障，使研究生助学贷款政策能有效落地实施；设立助学、助研、助教等多种辅助性岗位，尽可能覆盖所有有需要的研究生；同时，高校要尽力争取社会多方赞助，设立各种奖学金，完善整个资助体系，使研究生能够拥有较为稳定的生活保障，以便全身心地投入科研活动中，未来可以更好地服务祖国和人民。

5. 搭建更多平台，提高自我教育的吸引力

现阶段高校研究生自我教育的工作重点应着力于提高教育内容、形式与学生的契合度，采用能够体现时代特色的教育形式和内容，提高教育工作的吸引力。研究生自我教育的载体形式多样、内容丰富，如通过班级、党团组织、研究生社团、学生会、社会实践基地等为研究生提供良好的自

我教育载体。例如，在校园移动门户、微信公众号等新媒体平台上发布研究生阶段的学业、生活规划指导；建立新生线上交流平台以及入学网上自主报到系统，实现大部分入学报到程序自主化，同时为新生之间互帮互助提供渠道，延长入学自我教育的周期；招募新生志愿者，服务迎新工作，在服务师生中提高自己。

第十章　研究生教育质量保障体系

2019年，我国高等教育毛入学率达到51.6%，这一数字标志着我国高等教育进入普及化阶段。与高等教育发展进程同步，研究生教育的规模也在迅速扩张，目前我国研究生在校生数量位居世界前列。与此同时，研究生教育快速发展过程中的量与质的深层次矛盾冲突也接踵而来，研究生文凭含金量降低、研究生就业困难等现实问题引发社会热议。建立行之有效的研究生教育质量保障体系成为研究生教育需要努力的方向。

第一节　研究生教育质量保障体系概述

2020年9月，教育部、国家发展改革委、财政部联合发布《关于加快新时代研究生教育改革发展的意见》，指出从学理上探讨我国研究生教育质量保障体系的内涵为当下高等教育领域的重要理论命题。

一、研究生教育质量保障体系的概念

1995年11月，陈玉琨教授在全国高等教育评估研究会第六次学术研讨会上明确地、系统地提出了"建立教育质量保障体系"的建议，并从教育质量保障机构和活动两方面进行了初探，这是我国首次提出"教育质量保障体系"的概念。2001年5月，全国第六届高等教育学研究会以"21世

纪中国高等教育质量及其保障"为主题召开，明确了建立高等教育质量保障体系的必要性。此次会议掀起了高等教育领域对质量保障体系研究的热潮。21世纪初期，出于理论与实践的需要，我国学者对高等教育质量保障体系特别是研究生教育质量保障体系展开了一系列探讨，但由于质量保障概念引入高等教育的时间较短，加上我国研究生教育发展尚不成熟，所以目前我国对研究生教育质量保障体系的认知和理解尚未达成统一。

在研究生教育质量保障体系特征描述方面，全程保障、全员参与、全面保障得到了大多数学者的认可，此外，李八方等人提出研究生教育质量保证体系呈周期性循环运行，体系目标、方式方法有与时俱进的特征。[1]陈伟等人也强调了质量保障体系根据教育发展需要动态变化的特点。[2]

我们可将研究生教育质量保障体系描述为：为全面保证和提升研究生教育质量，以研究生培养单位为主体，政府宏观调控、社会广泛参与的动态质量监控管理过程。

二、研究生教育质量保障体系兴起的背景

20世纪80年代，教育质量保障在理论和实践层面引发热议，这并非偶然现象，而是在特定的时代背景下，教育内、外部因素综合作用的结果。

（一）理论机遇：质量保障思想的引入

20世纪以来，社会生产进入工业化时代，资本主义工商业高速发展扩张对企业质量管理理论与实践提出新挑战，引发企业管理理论界与实践界的关注，在此背景下，质量管理理论进入大众视野。作为解决管理实践难题、引导管理实践活动的质量管理理论并非一成不变，而是随着企业质量

① 李八方，周珊珊，曹扬.研究生教育质量保证体系的构成、特征和控制［J］.学位与研究生教育，2004（6）：20-24.
② 陈伟，裴旭，朱玉春.我国研究生教育质量保障体系构建的有关探讨［J］.学位与研究生教育，2010（7）：50-54.

管理活动实践的发展变化不断推陈出新。到了20世纪60年代，在第三次科技革命的推动下，以英、美为代表的西方发达国家的工商业发展进入新的阶段，对企业质量管理实践提出了管理方法现代化的诉求，全面质量管理（Total Quality Management）理论形成，标志着质量管理理论进入全面质量管理的新阶段。

相比于传统的质量管理理论，全面质量管理理论更突出全面性，主要体现在以下三个方面。横向来看是管理对象的全面性，即全员管理；纵向而言是管理范围的全面性，即全过程管理；最后是管理人员参与的全面性，即全员参与。全面质量管理的理念一经提出，便在企业管理实践中广泛运用，日本企业最早全盘接受并在实践中发展了全面质量管理理论，并在20世纪70年代取得了跨越式发展。日本企业的成功使得全面质量管理理论在世界范围内受到广泛关注。全面质量管理不仅作为一种管理模式引入各国企业管理实践中，还被引入政府管理、学校管理等领域中。

在高等教育领域，英国率先引入全面质量管理理论解决高等教育质量下滑的现实问题，并对高等教育如何运用全面质量管理思想来保障质量展开了理论上的初步探索。英国学者马尔科姆弗雷泽（1992）在《高等教育质量保障》一书中将高等教育的质量保证体系分为四个部分：第一，组织成员应参与保障高等教育产品和服务质量的过程；第二，组织成员肩负起提高高等教育产品和服务质量的责任；第三，组织成员能够在理解的基础上使用提高高等教育质量的方式、手段；第四，高等教育质量保障体系始终关注高等教育中管理方、消费者的要求。近乎同一时期，我国学者陈玉琨首次明确且系统地提出了建立教育质量保障体系的建议，并从教育质量保障机构和活动两个方面进行了初探。

总体来说，全面质量管理作为企业管理的一种方式和理念，为研究研究生教育质量保障乃至高等教育质量保障问题提供了一个新的视角。在研究生教育量与质矛盾冲突日益显著的现实背景下，探讨运用全面质量保障理论对研究构建有中国特色的研究生质量保障体系具有理论价值和现实意义。

（二）实践困境：高等教育质量滑坡

20世纪70年代以来，由于高层次人才对经济发展、科技进步的推动力日益显著，为了保持在国际上的领先地位，以美国、英国为代表的西方发达国家开始呈现高等教育普及化的趋势，20世纪70年代美国成为世界上首个进入高等教育普及化阶段的国家。随着高等教育普及化的推进，高等教育领域中"量与质""内与外"的矛盾愈发尖锐，在不同历史时期呈现出不同的矛盾焦点。20世纪70年代，这种矛盾主要体现为高等教育扩招后学生数量的迅猛增加带来教育经费短缺、师资匮乏等现实问题，造成教育质量的降低，表现为高等教育内部量与质的矛盾。而在80年代，随着世界经济发展呈现区域化、国际化的大趋势，对高质量的人才竞争进入白热化阶段。这一阶段的主要矛盾在于国际经济社会对高质量人才的需求旺盛与高等教育对高质量人才供给不足的矛盾，表现为高等教育内部数量、质量不足与外部经济社会需求强劲的矛盾。无论是高等教育内部矛盾还是高等教育与经济社会之间的外部矛盾，其关键都是高等教育质量下滑，维持和提升高等教育质量成为该时期关注的重点。

我国高等教育质量保障理论与变革的诉求同样源于实践困境，即高校扩招带来的教育质量滑坡。具体到研究生教育领域，可以发现我国研究生教育自恢复以来共有四次大规模扩招，而扩招政策的出台并非完全来自高等教育内部，更大程度上出于特殊时期社会稳定、经济发展的需要。如2003年受"非典"疫情影响，研究生扩招增幅为34.1%；2009年受金融危机影响，研究生扩招增幅为16.3%；2020年受新冠肺炎疫情影响，扩招增幅超过20%。可以肯定的是，研究生扩招政策在一定时期起到了缓解就业矛盾、扩大经济内需的作用，但随之而来的是保障质量的问题。如果研究生教育质量无法得到保障，那么一定程度上作为"就业稳定器"的研究生扩招政策只是带来就业压力的延迟，所以如何在研究生教育规模扩张的现实背景下保障研究生教育质量的提升，不仅是研究生教育领域面临的实践挑战，也是全社会领域面临的现实难题。

第二节 我国研究生教育质量保障体系的建设历程

1978年研究生招生工作恢复重建，此后有关研究生教育质量保障的宏、微观实践活动不断开展。纵观其建设历程，按照历史阶段性特征和标志性实践活动可将其划分为四个阶段：第一阶段是1978年至1989年的探索期，第二阶段是1990年至1999年的调整发展期，第三阶段是2000年至2012年的深化改革期，第四阶段是2013年至今的内涵式发展期。

一、探索期：1978—1989年

1977年10月，国务院批转教育部文件《关于1977年高等学校招生工作的意见》（以下简称"《招生意见》"），规定高等院校招生废除推荐制度，恢复文化考试，择优录取。在《招生意见》的影响下，1978年教育部领导、组织了1978级研究生的招生工作，开启了我国研究生招生考试工作的新篇章。随着研究生招生考试工作的稳健推进，研究生教育质量保障工作提上议程。在计划经济体制大背景下，这一时期我国初步建立了以政府机构为主导，通过学位制度和重点学科建设指导实践的研究生教育质量保障基本秩序。

（一）学位制度

1980年2月，全国人民代表大会常务委员会颁布《中华人民共和国学位条例》（以下简称《学位条例》），标志着我国学位制度翻开了规范化运作的新篇章。在《学位条例》的指导下，这一时期我国的学位制度实践呈

现出以下特征。

首先是以国务院学位委员会为最高行政机关的学位管理体系基本形成。《学位条例》明确规定，国务院设立学位委员会，承担全国学位授予工作的领导责任。1988年10月召开的第八次国务院学位委员会会议进一步对委员会的工作原则、工作任务及会议流程等进行了规范。

其次是学位授予机制逐步完善。1981年2月，国务院学位委员会召开的第一次（扩大）会议根据《学位条例》第八条的规定，制定了《关于审定学位授予单位的原则和办法》，为后续学位授予实践活动提供了规范性指导。同年11月，国务院批准我国首批博士授予单位151个、硕士授予单位358个。随着学位授予实践活动的展开，为保障学位授予工作有序进行，国家陆续出台相关政策文件，基本搭建起指导我国学位授予实践工作的制度框架。

（二）重点学科建设

1978年8月，国家教育委员会下发《关于做好评选高等学校重点学科申报工作的通知》，提出按照"同行评议、择优扶植"的原则开展面向全国高等学校的重点学科评选工作。1988年2月至10月，遵循"有博士学位授予权的高等院校自主申报、专家小组审核、国家教委批准"的审批程序，在文科、理科、工科等学科全面铺开，农学、医学等学科试点进行了全国首次重点学科评选工作，最终评选出国家重点学科418个。

国家重点学科建设如火如荼，与之相对应，各省市也结合本区域经济发展需要启动了地方重点学科建设，同时期开展的省市级重点学科建设的原则、目的与国家评选相对应，重点学科评选、管理标准和要求尚未明确，评选出的首批省级重点学科也存在涉及科目不全面、数量偏少、政府扶持经费不足等问题。

二、调整发展期：1990—1999年

在改革开放步伐加快、现代化建设第一步战略目标已经实现的新形势下，1992年10月召开的党的十四大会议加快经济发展的战略部署，决定将国民生产总值平均每年增长6%的目标调整为增长8%～9%。为了完成党的十四大制定的经济增速任务，必须充分发挥科技进步与劳动力素质提升对经济建设的推动作用，这就对高等教育的质量和效益提出了更高要求。1993年2月，中共中央、国务院印发《中国教育改革和发展纲要》（以下简称《纲要》）为新时期的教育改革发展提供行动指南，《纲要》明确提出新时期高等教育要"完善研究生培养和学位制度""深化教育体制的改革"。在此要求下，这一时期我国建立了由国务院学位委员会、省部级学位委员会、学位授予单位学位评定委员会构成的三级学位管理体制，以学位制度和研究生教育质量评估制度为主要保障手段，规划部署了"211工程""985工程"建设项目，为进一步深化改革研究生教育质量保障体系奠定了良好的基础。

（一）学位制度

在《纲要》指导下，这一时期我国的研究生学位制度呈现以下特征。

（1）建立了国务院学位委员会、省部级学位委员会、学位授予单位学位评定委员会构成的三级学位管理体制。《纲要》提出，"进行高等教育体制改革，主要是解决政府与高等学校、中央与地方、国家教委与中央各业务部门之间的关系"，这种中央和地方在高教领域关系的调整最终体现为国家宏观指导下地方统筹权的扩大。1997年3月，国务院学位委员会下发《关于加强省级人民政府对学位与研究生教育工作统筹权的意见》，强调省级教育行政部门要进一步加强对本区域学位与研究生教育的统筹权，成立省级学位委员会，标志着省级层面的学位管理机构从1991年16省市的试点运营走向全面推行。此外，《纲要》对政府高等教育决策的科学性、

民主性做出了新要求，提出通过建立专家广泛参与的咨询、评估机构，为政府对高等教育的决策提供咨询意见，形成科学、民主的决策程序。根据《纲要》对政府高等教育决策提出的新要求，在教育部等的指导下，1994年7月，学位与研究生教育学会建立，主要开展研究生教育领域中的理论和实践问题研究，组织面向社会的咨询与培训等活动。

（2）探索专业学位制度和同等学力制度，学位体系更加完善。《纲要》提出："在培养教学、科研岗位所需人才的同时，大力培养经济建设和社会发展所需的应用型人才。"这是在社会主义工商业发展对务实型、高层次综合管理人才需求日益旺盛的时代背景下对研究生培养目标的丰富补充。同一时期，国务院学位委员会开展了培养应用型人才的专业型研究生试点工作。1991年10月，《工商管理硕士试行培养方案》出台，批准包括清华大学、中国人民大学在内的9所高校试点开展MBA研究生招生工作，9所高校首批共招生84人。随着培养试点工作的展开，国家陆续出台相关政策文件，对专业学位设置的目的、原则、审批要求等方面做出进一步规范。

在这一时期，除了对专业学位进行试点实践外，对硕士、博士学位授予渠道也进行了扩展。1998年6月，国务院学位委员会召开的第十六次会议通过《关于授予具有研究生毕业同等学力人员硕士、博士学位的规定》，为同等学力人员申请硕士、博士学位开辟了渠道，对在职人员业务素质的提高起到了积极的作用。

（二）研究生教育质量评估

《纲要》提出"加强质量监督和评估制度"。在《纲要》的指导下，这一时期我国学位与研究生教育质量评估体系初步建立。首先，1995年国家成立了质量监督与信息工作处，承担全国学位与研究生教育评估实践工作的组织领导和相关法规政策的制定。其次，探索事业性社会第三方机构开展研究生教育质量评估的理论研究和评估实践工作。如1996年在教育部指导、上海市教委的支持下，上海市编制委员会批准成立了我国首个地方性高等教育评估事务所——上海高等教育评估事务所。该评估事务所受社会各界和政府单位委托，开展教育质量评估工作。此外，此阶段我国的研究生教育质量评估工作逐渐提出了制度化、规范化的政策诉求。1995年10月，国家教育委员会印发《关于进一步改进和加强研究生工作的若干意见》，明确指出完善研究生教育质量监督和评估制度有关法规、办法，使各项教育质量评估工作迈上制度化、规范化轨道。

（三）"211工程""985工程"建设

《纲要》提出，立足国内，集中力量办好一批重点大学和重点学科，为我国进入21世纪的经济建设、科学文化发展准备高层次人才。"211工程""985工程"建设将重点大学的建设推向了高潮，也将重点学科的建设推向了更高阶段。

1993年7月，国家教委印发《关于重点建设一批高等学校和重点学科点的若干意见》，决定设置"211工程"重点建设项目，重点建设100所左右的高等学校和一批重点学科。20世纪末，为了实现党的十五大会议中所确定的宏伟目标与任务，《面向21世纪教育振兴行动计划》提出了跨世纪教育改革与发展的蓝图，提出创建若干所具有世界先进水平的一流大学和一批一流学科，即"985工程"。"211工程""985工程"是党和国家在世纪之交面对新机遇、新挑战做出的重大决策，与重点学科评选制度一同有力地推动了我国高等教育质量的提高。

三、深化改革期：2000—2012年

1999年6月，中共中央、国务院发布的《关于深化教育改革全面推进素质教育的决定》（以下简称《决定》）提出，"构建一个充满生机的有中国特色社会主义教育体系，为实施科教兴国战略奠定坚实的人才和知识基础"。这一时期我国逐步探索形成了以政府为主导、以研究生培养单位为

主体、社会第三方机构共同参与的研究生教育质量保障体系。这一体系以法律法规为保障的制度基础，以学位制度、评估制度和重点学科建设为主要的保障手段，有力地提升了我国研究生教育质量的整体水平，回应了21世纪知识经济时代对高质量劳动者的迫切需求。

（一）学位制度

在科教兴国总战略的指引下，这一时期我国学位制度不断改革完善，专业研究生教育得到发展。

首先，在专业研究生教育实践经验的基础上规划新世纪专业研究生教育发展路径。2001年11月，国务院学位委员会、教育部在北京共同召开全国专业学位教育工作会议，会议总结交流了各专业研究生培养教育工作经验，对新世纪如何开展专业研究生教育工作展开了探讨。2002年1月，国务院学位委员会、教育部下发规范性意见，肯定了自1991年以来我国专业学位制度取得的成绩，并对专业学位制度发展中面临的问题提出了解决措施。

其次，在这一时期首次对专业研究生教育进行了顶层设计。2010年9月，国务院学位委员会审议通过了《硕士、博士专业学位研究生教育发展总体方案》，明确了发展硕士、博士专业教育的指导思想、原则和目标，改革规范了专业学位设置审批制度，提出通过逐步开展专业学位试点工作加快专业教育的改革推进。

最后，专业学位类型的扩充完善。2010年3月，国务院学位委员会通过了包括金融学、税务学、应用心理学在内的19种专业学位设置方案，进一步丰富完善了专业学位类别，以为社会实践部门培养多种类的应用型人才。

（二）研究生教育质量评估

2000年1月，教育部下发《关于加强和改进研究生培养工作的几点意见》，提出逐步建立对学位授权点的定期评估制度，促进培养单位经常性地进行自我评估，提倡各级主管部门和培养单位开展优秀学位论文评选等，为这一时期的教育质量评估工作指明了方向。

一是建立定期评估制度，探索"有上有下"的动态学位授权机制。2005年1月，国务院学位委员会下发意见，自2005年起按照学位授权分层次进行六年一轮的定期评估制度，对定期评估结果合格的学位授予单位继续授权，对评估存在问题的学位授予单位暂停招生，责令限期整改，两年后参加复评，对评估存在严重问题的学位授予单位终止授权。在2006年的硕士学位授权点定期评估中，共71个硕士点评估结果为"存在问题"，经过为期两年的整改后，其中63个硕士点复评合格，8个硕士点被撤销学位授予权。动态学位授权机制有效地督促了各高校、各科研单位重视学位点建设，有力地推动了我国学科建设和研究生培养质量的不断提高。

二是采用激励性政策工具丰富评估手段。在这一时期，为鼓励在读博士发扬创新精神，1999年教育部组织开展了全国首届优秀博士学位论文评选工作，并设立专项资金对全国优秀博士论文作者给予五年研究资助。随后，各级地方教育行政部门、研究生培养高校和科研单位、社会第三方机构也陆续在各自区域、领域内展开优秀论文评选工作，如2004年高等教育学会组织评选了首届高等教育学优秀博士学位论文，2008年北京市教委组织开展了北京市优秀博士学位论文的评选工作。优秀学位论文的评选是国家对提升研究生教育质量的有益探索，成为监督和激励高校提升研究生培养质量的一项重要举措。

（三）重点学科建设

为培养一批满足现代化建设发展需要的高层次人才，在这一时期，教育部组织领导了重点学科的第二、三次评选工作，建立了"211工程""985工程"宏观调控、常态管理、监督评估的动态机制。

2001年2月，教育部颁布《教育部关于开展高等学校重点学科评选工作的通知》，提出"在高等学校中建设一批重点学科，进一步提高我国高等教育的质量、水平和效益"，在"调整结构，合理布局，择优确定，公平竞争"的思想指导下，2001—2002年由教育部组织领导，按照高校自主申报、同行专家评审、国家教育部门批准的程序开展第二次重点学科评选工作，共评选出964个国家重点学科。在第二次重点学科评选的基础上，2006年，教育部下发对国家重点学科建设的意见，开启了我国第三次重点学科评选工作。第三次评选工作侧重于学科层级的调整，在原本的二级重点学科的基础上增设一级重点学科，此次共286个一级学科、677个二级学科被评为国家重点学科。随着三次评选工作的推进，为规范和加强重点对学科建设的管理，2006年10月教育部针对国家级重点学科建设的规范管理制定了暂行办法，对重点学科建设的基本条件、建设经费、考核认定、管理职责等方面做了详细规定。

这一时期的"211工程""985工程"建设也迈入规范化、制度化轨道。首先是建立多部委联合参与的工程小组，加强对工程建设的宏观调控和常态管理。2002年9月，国家计委、教育部、财政部印发通知提出，由教育部、国家计委、财政部有关负责人员组成的部际协调小组协商决定项目建设中的重大方针政策问题，部际协调小组下设"211工程"办公室负责项目建设的日常实施管理和监管评估。2004年6月，教育部、财政部联合下发意见决定成立"985工程"小组负责"985工程"建设项目的实施、检查、评估工作。其次是强调建设工程中期检查、建设项目监管评估的动态机制。中期检查重点检查项目建设目标和任务的进展情况，对项目运行的机制和效果进行评估，对建设中存在的主要问题提出改进措施。

四、内涵发展期：2013年至今

2014年11月，教育部首次以质量为主题召开全国性研究生教育工作会议，会议的主要任务是：落实教育规划纲要，深化学位与研究生教育综合改革，部署研究生教育质量保障体系，推动研究生教育内涵式发展。研究生教育实践以内涵式发展为根本出发点不断推陈出新。这一时期研究生教育质量保障内涵式发展突出体现为建立学位授权审核动态机制，完善研究生教育质量评估机制，开展世界一流大学和一流学科建设。

（一）学位制度

这一时期我国学位制度主要呈现以下特点。

一是构建起中央政府宏观管理、省级学位委员会统筹调整、学位授予单位自主调整的学位授权审核动态体制。2014年，国务院学位委员会先后颁布关于博士、硕士学位授权学科和专业学位授权类别动态试点的意见和调整办法，明确学位授权点动态调整的程序、标准，建立"可增可减"的学位授权动态机制。

二是增加学位授予单位自主权，强化质量问责。随着学位授权由国家到省级政府、各学位授予单位的进一步下放，在坚持"省级统筹，学位授予单位自主调整"的总改革方向下，国家进一步加强宏观质量问责，保障各地方、各授权单位学位点调整工作平稳有序运行。2017年3月，国务院学位委员会提出针对博士、硕士学位授权的审核办法，提出省级学位委员会因地制宜制订审核方案、程序，组织实施面向学位授予单位的审核工作，国务院学术委员会适时对省级学位委员会的工作进行督查。

三是明确专业学位的相关组织运行和管理规范，推动专业学位教育内涵式发展。随着我国专业学位教育的蓬勃发展，专业学位组织管理机制建设提上议程。2018年，国务院学术委员会发布编写专业学位类别一级学科规范的通知；2019年6月，国务院修订《专业学位研究生教育指导委员会工作规程》，对专业学位研究生教育指导委员会的机构设置、工作任务、会议流程等内容进行规范。

（二）研究生教育质量评估

这一时期的学位评估制度跨入逐步发展完善阶段，呈现出以下特点。

　　一是首次采用培养单位自我评估模式，建立常态化自我评估制度。2014年2月，国务院学位委员会、教育部印发的《学位授权点合格评估办法》提出，"学位授权点合格评估分为学位授予单位自我评估和教育行政部门随机抽评两个阶段，以学位授予单位自我评估为主。每一轮评估的前5年为自我评估阶段，最后1年为随机抽评阶段"。此后，各类培养单位逐步建立起高校自我评估制度，对评估范围、内容、程序等做出规范。

　　二是遵循专业学位教育发展规律，完善专业学位研究生教育质量评估机制。2016年4月，教育部学位与研究生教育发展中心根据"先试点、后推广"的原则，选取包括法律、教育在内的8个专业学位展开专业学位教育评估试点工作。在总结试点工作推行经验的基础上，2020年11月，国务院印发《全国专业学位水平评估实施方案》，决定重点对金融等30个专业学位类别开展水平评估，标志着我国专业学位水平评估工作的全面铺开。

　　三是加强学位论文抽检的范围和力度，将学位论文抽检作为评估体系的重要组成部分。2014年以来，教育部先后印发了《关于加强学位与研究生教育质量保证和监督体系建设的意见》《博士硕士学位论文抽检办法》《教育部关于进一步严格规范学位与研究生教育质量管理的若干意见》等政策文件，对学位论文的抽检范围、抽检比例、抽检方法提出更高要求。在国家学位论文抽检制度日益严格的环境下，各省教育行政部门、学位授予单位也提出相关保障措施，强化导师在学位论文中的责任。例如，清华大学在2020年3月发布的《关于进一步加强研究生学位论文质量全过程管理的意见》中提出，将学位论文评估结果纳入导师招生资格审查和院系年终考核；湖南省教育厅于2020年11月发布的《关于公布2019年湖南省研究生硕士学位论文抽样检查通讯评议结果的通知》中提出，本年度抽查"不合格"的学位论文指导教师，下一年度继续抽查该教师指导的学位论文。

（三）世界一流大学和一流学科建设

在不同的历史时期，我国通过实施"211工程""985工程""重点学科"等项目建设，整体提升了我国高等教育水平，为国内经济社会发展做出重大贡献。如今，我国发展进入新的历史时期，已成为世界高等教育第一大国，在新形势下，我国高等教育不仅要培养满足国内经济社会建设需要的高层次人才，更要放眼国际，培养具有全球视野的国际化人才。为此，国务院在"211工程""985工程""重点学科"建设的基础上，按照"一流为目标、学科为基础、绩效为杠杆、改革为动力"的基本原则做出建设一流大学和一流学科的新部署。2017年9月，国务院公布了第一轮世界一流大学和一流学科建设名单，引领研究生教育的发展。

第三节　我国研究生教育质量保障体系的现状与问题

追溯我国研究生教育保障体系的发展历史可以看到，政府、高校、社会第三方机构交织其中，在不同的时期承担不同的职责，共同推动着我国研究生教育质量保障体系的发展完善。本节以这三类主体为分析维度，探讨我国研究生教育质量保障体系的现状与问题。

一、我国研究生教育质量保障体系的现状

（一）政府

我国学者通常认为，政府一般是指在国家宪法和法律体系下，代表人民行使权力、组织管理国家事务的行政机构。在研究生质量保障领域，一方面政府作为宏观调控者，通过政策法规来把握研究生教育的整体发展方向，为我国研究生教育质量保障体系的形成奠定制度基础，为质量保障实践活动提供行动指南；另一方面各级各类政府行政部门作为政策法规的落

实者、质量保障实践活动的主导者，在各自权责范围内对研究生教育质量保障活动承担管理、审核、评估等责任。

作为研究生教育质量保障领域的宏观调控者，政府主要通过以下三种政策导向搭建宏观政策框架。一是结合时代背景和经济社会发展需要，搭建我国研究生教育质量保障体系的顶层设计。如1999年国务院颁布的《面向21世纪教育振兴行动计划》为我国21世纪的教育振兴发展提供了方针，引导我国各级各类教育积极稳步发展。二是通过教育经费拨款等财政政策导向鼓励、规范教育质量保障活动。以我国目前建设的"双一流"为例，一般来说，在科研经费的配置中，"双一流"建设高校处于资金分配链的中上层，"双一流"学科高校处于资金分配链的中层，非"双一流"高校处于资金分配链的中下层和下层，因此众多非"双一流"高校朝着建设"双一流"的目标不断努力，更多的是为了在教育资源配置中占据更好的位置。而对提出"双一流"建设的政府来说，无论是过去的"211工程""985工程"还是如今的"双一流"建设，既是教育资源配置的依据之一，又是通过财政政策工具引导高校良性竞争发展、提高高等教育质量的有效途径。三是通过各项意见、实施方案、实施办法等管理政策措施对研究生教育保障工作做出要求，这也是政府在研究生质量保障领域中最常使用的政策工具。

作为宏观政策的微观落实者，以教育部为主的国家教育行政机构和以地方教育厅为主的地方教育行政机构在各自的职责范围内进行统筹学位授权、审核学位点、评估学科建设等工作。值得注意的是，在全国深化"放管服"改革的大背景下，国家和地方教育行政部门一方面逐渐将部分职能放权给高校，如在学位评估中，由最初的国务院集中统一评估发展到建立高校自我评估、教育行政部门随机抽评相结合的评估机制；另一方面，引进社会第三方机构承担行政单位部分职能，如各省教育评估院受省教育厅委托承担教育评估项目的组织实施工作，指导基层教育评估业务。但政府的"放手"并不意味着"放任"，更不代表着政府在研究生质量保障体系构建中丧失主体地位。在"有限型政府"的条件下，政府逐步开始给权力作"减法"，有重点地管好该管的事，把更多的职能交还给高校或社会。

（二）高校

内因是事物自身运动的源泉和动力，是事物发展的根本原因。只有高校内部建立了切实有效的研究生教育质量保障体系，研究生教育质量才能得到保障。

高校内部研究生教育质量保障体系的构建，首先要考虑谁来组织的问题，由于研究生质量保障属于研究生教育管理工作的一部分，所以应从研究生教育管理模式的角度对研究生质量保障的组织者进行分析。我国的研究生教育管理模式主要有两种：一种是校级统一管理模式，即研究生院（部、处）在学校校长的领导下，统一管理研究经费和基金，制定各项规章制度，对研究生培养质量进行全过程控制。另一种是院校二级管理模式，即在学校宏观指导下，以学院为主体调配各类资源，服务于本院发展。

随着我国研究生招生规模逐年扩大、学科体系日益完善，校级统一管理模式的弊端逐渐显露，众多高校开始探索校院二级管理模式。由于固性思维和行为惯性，大部分二级管理模式的探索仍处于"半一级"或"半二级"状态，校级研究生院仍是研究生教育管理工作的主导者，但也有部分高校走出了以院为重心的特色发展之路。例如，上海交通大学把"院为实体"改革作为学校改革的核心任务之一，自2014年起，在部分学院试点校院二级综合预算改革，打破了传统的学校职能部门以"项目为主"向学院分配资金的模式，建立各学院"专项发展经费"，由学校将各类经费打包给学院，学院按"量入为出，事前控制"的原则进行统筹安排。2017年1月，国务院在教育发展的"十三五"规划中强调，"推动高等学校进一步向院系放权"，推动更多高校开始对研究生管理模式的改革进行探索。

2017年5月，陕西师范大学印发《陕西师范大学学院工作规则（试行）》提出，扩大学院人事管理、财务管理、资源配置自主权，完善校院两级监督考核体系，确保改革成效。2020年2月，山东大学发布实施强院兴校行动意见，聚焦校院两级管理体制改革的重点和关键，围绕做强学院、做强学科，明确了"夯实学院主体地位、支持学院做强学科、完善学院内部治理、实施综合预算改革"四个方面的具体举措。

在保障环节，高校对研究生教育质量的保障主要通过研究生招生、培养、输出以及教育质量评估反馈四个环节来实现。

生源质量是研究生教育质量保障的基础。在研究生招生方面，截止到2018年，我国共有824所高校招收研究生。高校通过招生宣传工作、招生考试工作（考试方式为全国统一考试、单独考试和推荐免试）对研究生生源质量进行保障。不同类型的高校在研究生生源金字塔中处于不同的位置，其招生质量保障侧重点也有所不同。"双一流"建设高校处于研究生生源金字塔的中上位置，其主要采用推免为主的方式保障学习基础好的优秀学生加入研究生队伍；"双一流"学科建设高校处于研究生生源金字塔的中间位置，这类高校往往在某些学科具有突出优势，可以结合自身专业优势，利用推免政策吸引高质量的生源；其他类高校在生源金字塔中处于中下位置，除了运用"入学首年免学费"等奖励政策鼓励高质量生源报考外，还可以通过调剂政策吸纳优秀生源。

培养机制是研究生教育质量保障的核心。高校通过课程教学、科研培养、导师指导等方面提高研究生教育培养质量。在课程教学方面，高校一方面注重研究生培养方案的动态修订，使其不断地系统化、规范化；另一方面制订课程教学管理的相关措施，提高课程体系的质量。在科研培养方面，建立符合本校校情的科研质量保障机制，如通过设立研究生创新基金、项目等提供校级科研平台，鼓励研究生开展科研活动，定期举办学术论坛锻炼研究生的学术交流能力，拓展学术视野。在导师指导方面，结合本校校情和学科性质采取不同的导师遴选、评聘、分配程序，如南方医科大学针对医学学科实行了单一导师、导师组和国内外双导师三种指导形式。

输出环节是研究生教育质量保障的关键。高校逐渐转变原有的研究生教育"严进宽出"的模式，从学位论文入手对研究生输出环节进行监控。目前我国大部分高校的学位论文管理体系包括论文开题、中期考核、论文预答辩、论文答辩等环节，以导师为学位论文质量的第一责任人，在学院和学科层面成立研究生学位论文质量评估组，在学校层面成立研究生学位论文质量评估委员会，并委托第三方进行论文盲审和抽检。同时，通过一定的奖惩制度把控学位论文质量工作的落实。此外，研究生分流退出机制也是近年来高校质量把控输出环节的重要措施。2020年9月，教育部颁布《关于进一步严格规范学位与研究生教育质量管理的若干意见》，明确提出"要完善和落实研究生分流退出机制，对不适合继续攻读学位的研究生要及早按照培养方案进行分流退出"。此后，四川大学、武汉大学等多个高校纷纷发布通知公告，对在学校规定的学习年限内未完成学业的研究生做退学处理。

反馈环节是研究生教育质量保障的重要组成部分。研究生教育质量反馈主要包括毕业研究生发展质量的调查反馈及毕业研究生雇主的意见反馈。高校通过反馈环节对研究生培养过程及时纠偏，实现高校人才培养与社会需求接轨。

（三）社会

社会第三方机构主要包括新闻媒体、行业协会以及学术、私人团体等。其作为社会公众利益和需求的代表、研究生教育质量保障体系中重要的参与主体，在加强高校与社会之间联系、搭建政府与高校之间的桥梁等方面发挥着重要作用。纵观研究生教育质量保障体系发展史，可以按照特性将参与研究生质量保障的社会第三方教育评估机构分为两类：一类是政府主导的官方或半官方的第三方机构，如各省市教育评估院。另一类是民间主导的非官方性质的第三方机构。

政府主导的官方或半官方的社会第三方教育评估机构，隶属于政府单位。其在政府委托和授权下，开展各类高等教育质量评估、认证工作，为相关政府部门和社会有关部门提供评估报告与咨询报告。下面以我国首个地方性研究生教育质量评估的第三方机构——上海高等教育评估事务所为例，对此类社会第三方教育评估机构的设置、特征、业务等进一步阐述。

1996年，在教育部的指导下，在上海市教育部门的支持下，上海市编制委员会批准成立我国首个地方性高等教育评估事务所——上海高等教育评估事务所。该评估事务所受社会各界和政府单位委托，开展教育质量评估工作，2000年更名为上海教育评估院。上海教育评估院隶属于上海市教育委员会，是上海市教委直属公益二类正处级事业单位。根据上海教育评估院官网公示信息，2019年该院共完成14项高教评估工作，包括省属高校办学水平评估工作、新时代高校党组织"攀登"计划项目评审工作、上海市学位授权点合格评估抽评工作等，各项工作均在上海教育委员会委托下、相关文件精神指导下完成。由此可见，此类社会第三方教育评估机构虽然不具备行政职能，但其本质是教育部门的专业技术性单位。

民间主导的非官方性质的第三方教育评估机构具体可分为学术团体、新闻媒体、私人团体等。学术团体如上海交大世界大学排名（现为上海软科大学排名），自2003年以来，每年对世界大学、世界一流学科、中国大学等进行排名；新闻媒体类如创立于2001年的中国校友会网站，其作为国内各类学校校友交流沟通的网络平台，自2003年起已连续17年与国内多家新闻媒体合作开展中国大学评价研究工作——中国校友会网大学排行榜。可以看出，民间性质的社会第三方教育评估机构主要是开展一系列学科、学校排名，为学生、家长报考院校，企事业单位选才及教育投资提供参考。

二、我国研究生教育质量保障体系存在的问题

（一）政府职能定位偏差

尽管我国教育行政体制改革取得了重大进展，但仍然存在一些制约高等教育协调发展的体制机制障碍，这主要表现为高等教育领域中政府职能的定位偏差。

1. 政府职能的"越位"与"缺位"

政府职能的"越位"是指政府做了超出其权责范围的事，侵占了其他主体的权力。在高等教育领域中，政府职能"越位"主要体现在政府权力下放于高校的实践过程中。

在政府权力下放的过程中，首先要解决的问题是界限权力分割，只有权力分割界限明确，二者才能在各自的权力范围内各司其职。理想的权力分割是不包含交叉的部分的，但在实践过程中，大类和小类权力存在交叉之处，权力分割过程中存在权力空白之处，这种权力划分得不够细化和不够全面就导致了政府对高校权力的变相侵占。

与"越位"不同，政府职能"缺位"是指政府在应该负责的领域没有参与。这种职能的"缺位"在高等教育领域中主要体现在政府与社会第三方组织的实践活动中。正如前文所述，民间主导的社会第三方教育评估机构各式各样的评价标准导致评选结果各不相同，其科学性、合理性会受到社会大众的质疑。这种"身份"模糊导致社会第三方组织在我国研究生教育质量保障体系中始终处于边缘地位，无法发挥其应有的作用，这就需要从法律法规层面对社会第三方教育评估机构的地位、权责内容等做出明确规定，建立监管、评估机制，保障其良好运行。

2. 深层次追问：参与文化缺失

社会变革和经济发展对人才培养的质量和数量提出了更高的要求，为使教育不断适应社会、政治、经济的发展需要，政府在"简政放权"的

大背景下，提出了教育领域中的"放管服"改革。尽管从表面上看，教育领域的"放管服"改革是政府认识教育发展规律后的主动放权，然而实际上这种顶层设计并非政府的自觉行为，而是在实践中政府集权与教育发展产生的种种矛盾倒逼政府改革。此外，由于"官本位"文化在长期的实践中已经潜移默化地影响了教育中的各参与主体，导致以学校为主的其他教育主体即使拥有更多的权力，也由于行为惯性而缺乏对自主权的创新型运用。如在高等教育领域中，国家层面提出加强"双一流"建设，各级各类高校便统一朝着"双一流"的建设目标而奋斗，缺少自身的特色定位。

（二）高校主体参与缺失

高校作为研究生教育质量保障工作的主体，其内部质量保障体系主要由学生、导师、管理者三方构成。在高校内部质量保障实践中，我们更多地看到高校管理者的参与，如高校内部质量保障目标的制定、方案的组织实施、质量评估，较少看到导师、学生作为主体参与质量保障实践活动，而学生作为教育质量保障的直接对象，导师作为研究生教育成效的直接负责人，皆是内部质量保障体系搭建和质量保障实践活动中必不可缺的主体。在此意义上，本节所探讨的高校主体参与缺失，主要指研究生教育保障中的导师主体参与缺失和研究生主体参与缺失。

1. 研究生与导师主体参与缺失

首先，我国研究生教育实行导师责任制。作为研究生培养的第一责任人，导师自身的学术水平、指导行为很大程度上影响着研究生教育质量。2020年受突发疫情影响，在国家"保就业、调结构"的宏观目标下，研究生招生规模同比增加18.9万人，导师队伍建设面临新挑战、新任务。

通过比对部分高校官网所列出的导师岗位职责，大致可将导师职责分为以下几个方面：引导学生进行职业生涯规划、注重学生的思想政治教育、指导学生的学位论文写作、培养学生的科研创新意识、关心学生的日常生活状况。而在研究生培养实践过程中，多数导师的指导内容仅限于课题、论文、实验，忽视了对学生日常生活、心理健康以及职业规划的指导，即使在课题、实验方面，个别导师也并没有对学生的学术能力和知识拓展等方面进行指导，而只是将学生视为"重复性实验"的工具。此外，研究生导师的指导还存在专业学位指导与学术型学位指导趋同的问题。专业型硕士侧重于培养社会发展需要的应用型高级人才，这就需要在专业型硕士培养活动中注重理论与实践相结合。虽然目前我国已经出台了专业型硕士"双导师制"的相关政策文件，但文件中并没有对"双导师制"的实施标准、实施专业做出具体规范，所以在专业型硕士的培养实践中，一些高校培养单位仍采取"单一导师制"。即使在实施"双导师制"的高校中，也不同程度存在着校内导师难以做到"教书育人"、校外导师"难见踪影"、校内校外导师缺乏沟通等实践难题。

其次，研究生教育质量保障不仅要依靠内外质量保障体系的规范，还要将这些外在规范内化为研究生自身责任意识的提高。我国主要通过政策法规、道德标准对研究生学术责任、社会责任进行规范。政策法规划出了研究生的责任底线。《中华人民共和国学位条例》明确规定了授予硕士、博士学位的基本要求，在完成学位课程考试和论文答辩的基础上，对研究生的专业知识、研究能力水平做出约束。道德标准对研究生的责任提出了更高要求。习近平总书记在纪念五四运动100周年大会上对新时代中国青年提出了六点要求：树立远大理想、热爱伟大祖国、担当时代责任、勇于砥砺奋斗、练就过硬本领、锤炼品德修为。

2. 深层次追问：导师指导评价制度缺乏

目前我国大部分高校缺乏行之有效的导师评价方案，这主要体现在以下两个方面：首先是导师评价标准重科研轻育人。这一方面是因为相比于科研工作的可量化性，育人工作的绩效难以考量，另一方面是学校对科研成果的重视要远超于对育人效果的关注。这些主客观因素驱使在导师评价标准中出现重科研轻育人的倾向。而在这种标准的"指引"下，尽管无论是领导的公开讲话中还是学校的文件中都一再强调高校教师既要踏踏实实做好科研，也要认认真真教书育人，但处于科研教学岗位的研究生导师会不约而同地做出各自的"理性选择"。在这里，我们站在"师者，传道授业解惑者也"角度单纯地提倡增强研究生导师的育人责任心毫无意义，因为当重科研轻育人成为多数研究生导师的选择时，这便不是个体存在道德瑕疵的问题，而是规范制度存在漏洞甚至存在指向偏差的问题，所以若要试图为这个困境寻求解决之道，最为重要的就是修改现有的规范制度。如果当研究生导师评价标准中育人方面的重要性得到提升，研究生导师对学生学术培养、生活规划的关注度也会自然而然地得到提高。其次，在导师评价标准的制定过程中，忽略导师和研究生主体的参与，导致评分量化表雷同，缺乏学校和专业特色。此外，除了导师评价标准制定过程中需要注重育人导向，鼓励学生、教师参与制定过程外，导师评价制度真正行之有效的运行离不开导师评价正向、负向措施的运用。目前我国大部分高校对导师评价的措施以正向激励居多，通过优秀导师、优秀导师团队等评选活动树立为人师表典范，以引领和带动导师队伍水平的整体提高，而负面惩戒范围和力度偏小，仅对产生重大社会影响的失范、失德教师做出暂停招生或解除聘用关系的惩戒。我们可以理解高校出于自身声誉的考虑极少采用负面惩戒措施，但不可否认这客观上也为一些失德、失范导师提供了继续"误人子弟"的操作空间。

（三）社会第三方教育评估机构力量薄弱

考察以英国、美国为代表的高等教育强国的发展历程不难发现，社会第三方教育评估机构作为研究生教育质量保障的重要主体，有效提升了保障体系的运行效率，是建立高效、协同的质量保障体系的关键。由于我国高等教育起步较晚，尚未有全国统一性法律法规对社会第三方教育评估机构的地位、权责内容等做出明确规定，社会第三方教育评估机构参与高教评估的监管机制暂未建立，这就使得我国社会第三方教育评估机构的身份模糊，在研究生教育质量保障体系中处于边缘位置。

1. 身份困境：附属性与非权威性

在研究生教育领域，我国社会第三方教育评估机构可大致分为两类：一类是政府主导的社会第三方教育评估机构，这类机构隶属于政府管辖。在政府委托和授权下，该类机构开展各类高等教育质量评估、认证工作，为相关政府部门和社会有关部门提供评估报告和咨询报告，其本质上是政府教育部门的专业技术性单位，在各项评估工作中扮演着"半官方"的角色。虽然外界没有对该类机构的权威性提出疑问，但由于其多在教育行政部门的委托下开展工作，参与研究生教育工作的内容范围较窄，仅局限于教育行政部门管辖区域，且在一定区域内缺乏同行竞争，专业性提升动力不足。第二类是民间主导的社会第三方教育评估机构。尽管其有较强的独立自主性，但由于未受到官方权威认可，各式各样的评价标准导致评选结果各不相同，因此这类组织所用评价指标体系的科学性、合理性都受到社会大众质疑。如在2020年中国校友会网大学排行榜中复旦大学、中山大学分别是第三名、第四名，而在2020年的软科中国大学排名中这两所高校分别是第六名和第十名。

2. 深层次追问：法律规范与监测体制缺乏

2015年教育部下发的《关于深入推进教育管办评分离促进政府职能转变的若干意见》中提出，"支持专业机构和社会组织规范开展教育评价"，使社会第三方教育评估机构有了进一步的政策保障。此外，一些地方如北京、云南等省市教育行政部门也相继出台了相关政策和改革意见。2017年4月，北京市教委印发《委托第三方机构开展教育评估监测工作暂行办法》等配套文件，从监测项目委托实施管理、监测第三方机构库管理、教育督导评估与质量监测专家委员会管理、委托实施项目成果验收等方面做出明确规定。2017年10月，云南省教育厅印发《第三方机构开展教育评估监测工作暂行办法的通知》，规范了社会第三方教育评估机构的资质认定、委托事项、委托方式、权利和义务等方面。尽管针对社会第三方教育评估机构的地方法规、监测政策体制逐步健全完善，但目前我国暂未在法律上对社会第三方教育评估机构的性质和地位做出确认，对社会第三方教育评估机构的监测也缺乏全国统一的、具体可操作的指导规范。

第十一章　研究生教育管理发展
回顾及发展趋势

第一节　国外研究生教育管理发展回顾及发展趋势

一、国外研究生教育管理发展简史

1. 英国

14—15世纪，英格兰规定，高校中的学士再通过三年的学习，才有资格取得硕士学位。产业革命后，达勒姆大学率先提出，在本校住宿的拥有学士学位的学生，在通过考试后，可取得硕士学位。从那以后，英格兰的研究生教育管理系统逐渐发展起来。1809年，时任公共教育部长的威廉·冯·洪堡提出了"科研与教学相统一"的原则。在培养高水平学者时，德国公办大学的指导思想是"通过研究进行教育"，这个想法也对英国、美国和其他国家在中等教育的基础上，培养具有专门知识、技能的人才的教育产生了重大影响。英国曾派大量学生去德国留学。根据史料记载，在19世纪，曾到德国留学的英国学生数量已达万人。这些留学生学到了德国教育的经验，回国后就对英国的大学参考德国经验进行改革，大大推动了英国研究生教育的发展。例如，1860年伦敦大学开设从事基础理论、应用科学研究，培养理工结合的高级专门人才的学院并开始授予理学学士学位。与19世纪以前仅授予神学、法律和医学文凭相比，这是向前迈进了一大步。自然科学中有关基础理论的系、科、专业博士学位制于1862年建立，但相比之下，硕士学位的建立要晚于博士学位。1878年，达勒姆大学设立了理学硕士学位，根据当时的要求，要经过系统的学习和研究（而且需是在大学内接受导师的专业指导下进行的有较高难度的专题性质的学习和研究），以及有组织、有准备、有计划、有鉴定的正规的论文审查或笔试来获得理学硕士学位。

2. 美国

美国的教育体系始于殖民时期的英格兰，并一直持续到19世纪初。一些从德国留学回来的学生，以德国的大学为榜样，开始对美国大学进行改革。乔治·迪克诺于1825年在哈佛大学建立了研究生院，为获得学士学位并想继续学习的学生提供课程。虽然这些课程的内容与本科课程并无显著区别，但因受众为已获得学士学位的学生，因而具有了不同性质。这是美国研究生院教育和管理体系的开始。1847年，耶鲁大学通过建立哲学和文科部，向获得学士学位证书后继续学习的学生开设新人文学科、自然学科以及应用学科，使得学士培养和研究生培养具有了显著区分。时至今日，耶鲁大学仍保留此类区分。受其影响，康奈尔大学在建立之时就提出：培养研究生是其任务之一。1876年，约翰斯·霍普金斯大学的全日制研究生院参照德国标准在丹尔、科特·吉尔曼的领导下成立。时至今日，该校的重心之一仍聚焦于研究生课程上。当时，约翰斯·霍普金斯大学是美国研究生教育的基准，哈佛大学和耶鲁大学等著名大学都以约翰斯·霍普金斯大学为榜样开设了研究生院。在此期间，美国研究生教育进入了机构建立时期。

19世纪下半叶，许多国家逐渐建立了正式的学位系统，研究生制度开始在世界范围内蓬勃发展。在这个阶段，除了传统的文科硕士学位外，其他学科的硕士学位也在逐步建立。

美国博士学位最早在1861年由耶鲁大学开设。1881年，博士学制由两年变为三年。之后建立的博士后研究奖金为美国的科研事业发展、人员培训、科研条件改善提供了巨大的帮助。从20世纪50年代开始，美国联邦政府不但拨付大量资金给博士后作为奖金，而且还为获得奖金的学者提供暂时的博士后职位，获得这个职位的学者可以利用大学中的科研装备和实验室等探索科学规律、研究事物的内在本质，从而为新的发明创造提供理论依据。

3. 苏联

"十月革命"后不久，苏联开始实施研究生教育。苏联一直致力于培养产业工人，包括培养城市小工业和手工业中的雇佣劳动者及其高级专业人员，以满足建设需要。根据当时苏联最高领导者——列宁的提议，1917年到1925年这段时期内，苏联开设了红色教授学院来实现以上目标。但是，小范围的人才培养无法满足国家建设对于高级专门人才的需要，这就要求国家有规划地和系统地大规模培训高级专业人员。1925年，苏联教育人民委员部（以下简称"苏联教委"）颁布《关于在高等学校和科学研究机关培养科学干部的程序的规章》。该规章阐明，为了达到培养人才的目的，有必要在高等学校和科研机构中设立研究生院。这是苏联第一次在正式文件中将在研究生院学习的学生称为研究生。据相关资料统计，当时苏联研究生的数量虽仅为30人，但这标志着苏联研究生教育的开端，自此之后，苏联开始大规模培养研究生。在之后短短的四年中，苏联的研究生人数达到了3 000人。苏联在研究生培训中非常重视农民、工人及其子女。1926年，苏联教委设立研究生推荐制度，开始从年轻农工大学生中筛选思想政治合格、本身科研能力较硬的人才，推举其进入研究部学习。1928年，新修订的研究生部章程里，强调工人及农民具有研究生教育优先权。1930年，苏联教委设立研究生预备部，学制为一年。这是由于国家严重缺乏各方面的高级人才，因此，苏联教委通过预备部让一些不具备高等学历，但是本身工作经验丰富的人进入研究生部。根据规定，所有完成预备部学习计划的人员，可以免试优先进入研究生部学习。

20世纪30年代，苏联采取了一系列措施保障研究生质量。一是严格审查研究生学历。1931年7月，苏联教委发布《关于改造综合大学的决议》，决定对物理学、数学等基础学科方面的研究人员和高校教师进行集中培训。二是重新修订研究生部的招生规定。1931年9月，苏联教委在《关于高等学校和技术学校教学大纲和教学制度的决议》中规定，研究生部要严格招生要求，招生限于具有高等教育程度的人员，并且要进行入学考试。研究生要集中在一些最具实力的大学中进行培养，实验室要对所培养的研究生进行负责；研究生除了要在学习期间撰写学位论文外，还要承担本专业的科研工作、教学工作和生产工作；研究生需要通过考试才有资格进行答辩。这是苏联第一次以政府法令的形式明确规定研究生的选拔和培养程序。

苏联在第三个五年计划时期对高级人才的需求快速增长。1939年，苏联开办了非生产形式的研究生教育——函授研究生教育，并建立了函授研究生院。"二战"后随着苏联社会和经济的恢复发展，苏联研究生数量规模已经达到30 800人。1948年，苏联部长会议决定，为使该国培养出更多的高级人才，同意借调那些没有学位但在大学从事科学研究的教师到大学工作，以便完成副博士的学位论文。借调时间内，允许保留薪资及职务。这种培训副博士的方式逐渐催生了苏联培养一年制研究生的研究生院。1948年到1956年苏联开设博士预备部，但这种模式极大阻碍了研究生的创新思路，尽管条件良好，但仍有许多博士生无法按时完成博士论文。这里的研究生是专为那些本身没有能力培养研究生的企业、团体和机关培养的。

苏联的高级学位有两级：副博士和博士学位（不设硕士学位）。副博士一般由高等学校、科研机构和部分教学科研生产联合体的研究生部门进行招生和培养；其培养形式分为面授和函授两种形式，面授一般为3年，函授则一般为4年。后来，俄罗斯继承了苏联的大部分教育资源，并且研究生教育管理系统仍遵循苏联模式。

4. 日本

日本研究生院制度建立于明治维新时期，已有100多年的历史。日本最早的研究生院是由东京大学在1880年建立的。六年后颁布的《帝国大学令》规定大学可以下设子大学（即后来的系）和研究生院，前者承担高等教育的职能，后者则承担研究的职能。随着高等教育的发展，日本于1918年颁布了《大学令》，并对《帝国大学令》进行了重大修改，将研究生院和本科学校调整为非平行的下属综合体，在学部委派的指导教师指导下从事研究工作，管理方面不设独立的教学计划，不配备专门的实验实习设备。第二次世界大战后，日本基于美国模式建立了新的研究生院系统，并废除了自19世纪80年代仿德国创建的研究生院系统。以前，日本研究生院所授予的学位只有博士学位，新的研究生院系统则增加了研究生课堂教学的比例，增加了硕士（修士）学位，作为学士学位和博士学位之间的中间学位。1974年6月发布的《研究生院建立标准》是日本在第二次世界大战后对研究生院和学位制度进行的最大规模改革的依据，并已成为日本学者培训和学位授予的纲要。有的人认为硕士生只是"半成品"，但随着具有硕士学位的人才在各界发挥作用，特别是在职业技术领域中发挥作用，到20世纪70年代中期，日本213所拥有研究生院的四年制大学中，有82所研究生院只开设硕士课程。在日本国立大学中，1960年前尚没有仅开设硕士课程的研究生院，而到1975年达到了37所；1984年，在日本458所四年制大学中，有268所大学设研究生院，只开设硕士课程的大学有89所。

二、国外研究生教育的管理特征与发展趋势

目前各国的研究生学位制度，除分数、名称、授予要求不完全相同之

外，学位授予的科学领域、授予学位权限等也有所不同。在一国之中，各大学的学位规定也往往有差异。学位制度既反映了国家的发展基础，又为国家的政治、经济、科技和社会生活服务，并且发挥的作用越来越明显，因此各个国家都很重视这项制度。

第一，我国的学位条例规定，大学本科毕业后参加入学考试，考试合格才可以攻读硕士研究生，其间成绩合格并通过论文答辩，方可取得硕士学位。这与美国对硕士学位、法国对第三阶段博士学位的规定大体相当。三者虽学制相同，但在要求上存在差别。在法国，如果本科毕业生想要继续学习本专业，可直接攻读第三阶段的博士学位。如果毕业生想改变专业方向，则需要另外补习相关知识后再转入第三阶段博士的学习。相比之下，我国的硕士学位注重课程学习，有些类似日本的硕士学位，而法国更重视培养博士的研究能力。

第二，苏联解体前，研究生教育长期比较稳定，但也充斥着很多问题，如权力集中、管理死板、形式主义，使得博士学位获得的过程太长，有些教授甚至在退休后才获得博士学位。

（1）建立博士生部，招收年轻的脱产博士生。在以前，苏联获得副博士学位的学者一般是边工作边写论文，然后申请博士学位。1987年苏联决定试点招收脱产学习的博士生学者，1988年总计招收550名，此举的目的是使博士生年轻化，进而更好地推动科学技术的进步。

（2）整顿博士、副博士论文答辩专门委员会，简化有关学位论文答辩和学位授予的手续。检查高等学校和科研机构中的专门委员会，撤销不符合相关条件的委员会，并考虑建立一些地区性的论文答辩委员会。在职人员的成果只要对科研、生产和社会有重大贡献，就不一定要求其再按照规定格式撰写论文。

（3）下放权力，给培养研究生的单位和论文答辩委员会更多的自主权。如授予副博士学位，则决策权主要在专门委员会中，最高学位评估委员会仅负责监督和程序审查。

苏联解体后，俄罗斯继承了苏联大部分的教育资源。在全球化的影响下，俄罗斯逐步借鉴国际培训经验，形成了独特的研究生教育管理体系。2003年，在加入"博洛尼亚进程"之后，俄罗斯改变了从苏联时代继承的研究生教育管理体系（该体系仅设立了两个博士学位级别），开始设立硕士学位。2007年，俄罗斯发布两级学位制度法令，对研究生教育管理制度和内容进行改革。目前俄罗斯研究生教育管理的发展趋势呈现出以下四个特点。

（1）课程设置特色突出。俄罗斯大部分高校的学科建设具有本校特色。

（2）教学方式灵活多样。

（3）研究生学位授予管理严格。

（4）广泛进行国际交流与合作。

第三，对于硕士学位的不同看法及其发展趋势。在美国，人们对于硕士学位的理解差异很大，彼得·埃尔德尔曾说"硕士学位适合每一个人的口味和每一个人的口袋"。实际上，硕士学位在不同领域代表的含义也不一样。例如，在教育、商业和社会工作方面，取得硕士学位就可以证明一个人的专业能力，但是在文科、理科领域，取得硕士学位只能证明这个人在大学毕业后继续学习了一年，并不能说明其有特别的专业能力。但随着社会的迅速发展，一度不为人重视的硕士研究生教育变得越来越重要了。

第四，法国高等教育的第三阶段，集中地体现了法国高等教育的灵活性。法国政府除规定各类文凭和学位的大致规格及五年重新调整一次各学校各专业授予学位文凭的资格以外，其他事宜都由学校自己确定。不同来源、不同志趣的学生，可随时根据个人情况和形势变化决定就业、深造或转换方向。国内外舆论对法国第三阶段教育给予了充分肯定，特别是它的国家博士学位，为不少人称道和向往。

第五，研究生供求失调的问题。目前，世界上所有国家的正规研究生教育都与该国的社会和技术需求联系在一起。同时各国还不断进行人才需求预测。尽管如此，就研究生的供求而言，世界上仍存在供需不平衡的矛盾。例如，日本存在着律师过剩的情况，美国存在着教师过剩的情况，英国存在科学家缺乏的情况，几乎每个国家都存在研究生供求失调的问题。

第二节　我国研究生教育管理发展回顾及发展趋势

一、我国研究生教育发展简述

中国近代教育史上首个出台、有较完整体系的"新教育"制度，是1902年由张百熙所拟定的《钦定学堂章程》。该学制里的"大学院"是比本科院校高一级的教育机构。如果按培训学生的水平划分，"大学院"也可以被视为研究生教育体系。总体来看，中国研究生教育发展大致可分为四个历史时期。

（1）1911年以前。1909年，全国共有高等学堂26所，教会办的大学12所。1903年，《癸卯学制》颁布，将培养比大学生高一级的人才的"研究生院"改为"通儒书院"，学习时间由无限年改为五年。该院设在京师大学堂里。《癸卯学制》一直沿用至1911年。从执行情况看，这一时期研究生教育的目的并未被理解。例如，很多人认为，"遵论旨"就不能尊重科学发展的规律，就不会按科学技术要求办事；"通才"就一定不专，与大学堂同宗旨，则研究生和大学生实无太大区别。

（2）1911年至1929年。1915年2月，袁世凯在《特殊教育纲要》中规定授予学生的学位包括学士、硕士和博士学位。同时，"将成立另一个博士委员会作为批准博士学位的机构，由部委任命的博士委员会和学位批准章程"。1919年，评估学位的中央机构建立，一改教育部以前的做法。同时，确立了研究生学习年限。研究院所的设立使研究生的培养有了组织机构，也调动了高等院校培养研究生的积极性。但这个时期对研究生的作用认识不足，办研究生院主要是为了让一部分教员和学生终身在研究所做研究，提高学术水平也是为了满足教学需要。

（3）1929年至1949年。明确了研究院设立的目的。1939年6月，国民党政府教育部颁布了《大学研究机构监督组织条例修正案》，规定大学研究机构的任务是"招收大学研究生从事高等学术研究并提供师资力量"，以方便研究。凡有条件的院校均建立了研究院所。同时，这一时期的研究生招生人数也相应增加。

（4）1949年后，党和政府对研究生教育十分重视，但是迟迟没有对学位问题提出合理的评定方案。1956年，中科院和高等院校开始合作培养教师和研究生，这一举措加强了对研究生的科研指导，提高了研究生在理论和实践方面的水平。同年，筛选了一批留学生前往发达国家学习。此外，还开始招录两年制研究生。此后，这一工作停顿了十余年。

"文革"结束后，研究生教育与管理工作得到恢复。1978年招收研究生10 708人，1979年招收8 231人，1980年招收3 620人，1981年招收10 750人，1982年招收11 000人，1983年招收15 636人，1984年招收23 200人，1985年招收46 500人，1986年招收39 300人，1987年招收35 728人。1980年2月，《中华人民共和国学位条例》明确规定我国学位分为学士、硕士和博士三级。一年后，国务院分三次共计批准拥有授予博士资格的单位238个，学科及专业点1 830个，博士生导师3 798人；授予硕士资格单位545个，学科及专业点6 407个；拥有学士授予资格学校597所。

20世纪90年代，经济体制转轨，国家对诸多体制结构进行调整，以满足社会发展的需求，为此建立了在职硕士、博士制度。此外，国家还设立了专业学位，为更好地培养高水平应用型人才。1995年，新的学位授予审核制度建立，除了省级学术委员会外，部分高校也被赋予了审批资格。

从1999年到2009年的10年间，我国研究生的平均年增长率达到20.69%。截至2009年，中国有超过140万名研究生，使我国成为研究生教育大国，从"注重数量"转变为"注重质量"，从"注重要素"转变为"注重创新"。为了保证研究生教育的质量，国家采取了多种措施，如质量评估、创新激励机制和专项资金政策保障。自2010年以来，我国研究生的规模一直在不断扩大。截至2019年，研究生录取人数已达72万人。

二、我国研究生教育管理概况

研究生教育目标的实现是多种因素相互作用的结果，当前，中国大学的研究生管理主要存在以下问题。

1. 管理内容的局限性

研究生院的管理通常侧重于管理最低年级和最高年级，与基于服务的管理相比，是限制性更强的管理，重点是教育管理，内容包括教育管理、生活管理、学术管理、实验室管理和思想管理等许多方面。

2. 管理功能弱化

在管理研究生的过程中总会有管理者和受管者。通常，指导学生学习、科研、写学术论文的是教师或科研人员，而管理人员则对此进行监督。在这种情况下，教师或科研人员在研究生教育管理中的作用减弱了。

3. 管理手段单一

高校一般要求研究生发表一定数量的学术论文才能参加毕业论文答辩并申请学位。但是，高校对研究生缺乏必要的支持，单一的管理方法很难得到研究生的认同。

4. 管理制度失灵

管理体系需要体现时代精神，但是研究生教育管理的分散式管理模式没有改变。日常管理和学生身份管理是学校研究生管理机构的责任，研究生的个人政治思想、道德和学术方面基本上由导师管理。与研究生相关的管理规则很多，但分属不同部门，很难形成一个有机的管理体系，结果导致许多管理规定效果有限成为一纸空文。

5. 管理队伍水平有待提高

研究生管理团队和导师团队是决定研究生培养质量的两个主要因素。因此，提高研究生教育管理部门的效率和管理非常重要，并且需要先进的研究生院教育管理团队来建立和实施适应社会发展的研究生院教育管理系统。

三、我国研究生教育管理中的重要环节

1. 入学教育

入学教育是研究生教育管理工作的开始。这个阶段的工作具有启发、指导、监督、教育等多种功能，以便将来进行更有效的管理。因此，入学教育不仅要使研究生了解学校、专业、研究生教育以及各种规章制度，而且要帮助他们认清努力的目标和方向，增强他们成为人才的信心。研究生的入学教育是一项系统工程，为了更好地开展入学教育，应合理选择入学教育的内容，采用有效的教育方法。

2. 教学管理

教育管理是研究生教育管理工作的重点，不仅要对研究生的学习进行监督和检查，而且要检查研究生的学习效率和质量。从课程设置到教学，学校需要加强教育管理的各个方面。高校需要在教育管理中加强对纪律的重视，帮助研究生掌握好的学习方式，切实提高研究生教育的效

果和专业水平。

3. 状态管理

研究生的状态管理是一个多层面、多层次、多角度的动态过程，需要一定的策略和技术。学生状态管理记录了学生从入学到毕业的整个学习过程。学生状态管理包括注册、建立学生状态管理数据库、维护学生状态信息等内容。这是规范研究生教育过程并确保其教育质量的重要途径。随着研究生教育的发展，研究生状态管理的信息量急剧增加，使用Word、Excel、Visual Foxpro等工具已无法满足研究生教育管理的需求。为此，许多大学开发或购买了功能更全面的管理信息系统，以更好地对研究生的状态进行管理。为了规范研究生的管理，教育部发布了《高等教育文凭电子注册管理暂行办法》《普通高等学校学生管理条例》《关于普通高等学校新生电子注册的暂行办法》《关于普通高等学校本学年学生电子注册的通知》等文件，进一步规范了研究生教育管理工作。

4. 就业管理

近年来，研究生的就业压力很大，如何使学生的工作需求与学生的工作能力得到准确匹配是高校亟须解决的问题，因此，就业管理已经成为解决这一问题的主要途径。毕业生就业管理的具体措施有：① 全程跟踪、全方位培养。在研究生的就业教育和管理工作中，如果仅仅在毕业生临近毕业之时进行短期培训，是难以取得令人满意的效果的。就业教育需要在研究生入学的时候开始，根据不同人的不同爱好与特长进行引导教育，差异性地提供后续就业教育服务。研究生就业指导的内容包括职业哲学和职业道德教育、职业规划指导、职业选择和职业观念教育、职业发展指导。② 依托第二课堂，增强研究生就业教育的实效性。第二课堂是指通过社会实践活动、校园文化活动等来为研究生提供就业指导。其中，社会实践活动对研究生至关重要，因为它可以培养学生的社会适应能力和创新实践能力，主要方式有就业实习、社会研究和专业实习，不仅可以提高学生的专业能力，而且可以提高他们的就业竞争力。③ 建立高素质的就业指导队伍。就业指导老师需要了解用人状况和就业政策法规，同时还需要具备职业评估和职业咨询的相关知识，确保能够正确有效地帮助研究生就业。这就要求首先加强对就业指导教师的专业培训。④ 为研究生就业教育创设良好的环境。学校应该提供相应的场所和设备，以支持研究生就业教育的开展，如建立职业俱乐部和职业发展就业指导协会。

四、我国研究生教育管理发展趋势

在新的时代背景下，我们不仅要关注过去研究生教育管理的宝贵经验，而且要顺应社会发展的形势，不断完善研究生教育管理体系。

1. 促进基础型研究生院教育管理的概念发展

德育作为研究生教育管理的核心，是国家培养优秀人才的基本保证。大学承担着培养高层次人才的重要责任，因此，大学教育必须以道德为基础，加强道德意识，强化道德观念，并将道德教育融入学校工作的所有环节。另外，导师在研究生的发展中起着重要作用。导师应发挥他们在德育中的作用，指导学生形成正确的价值观。

2. 基于理论研究，了解研究生教育管理发展的规律

目前，研究生教育管理的理论研究才刚刚开始，研究生教育管理的理论体系尚未形成。因此，应加强理论，尤其是基础理论研究，并根据中国研究生教育的特点和现实，探索具有中国特色的研究生教育管理理论。

3. 以战略需求为导向，加强研究生教育管理

当前，我国研究生教育发展的矛盾是对高质量研究生教育的需求与教育资源不足之间的矛盾。研究生教育管理是根据国家发展目标合理分配现

有研究生教育资源并实现最优利用的过程。为了适应社会发展，充分利用现有的研究生教育资源，有必要加快研究生教育管理体系的建设。第一，要加强专业学位研究生教育管理。第二，要在保证培养质量的前提下，优化研究生教育模式，加强校企联合，加强跨学科和新学科的建设和管理。

4. 以质量提高为中心，提高研究生教育质量

改革开放以来，我国的研究生教育管理为研究生教育的发展做出了巨大贡献。但是，我们必须清楚地认识到，与发达国家相比，中国的研究生教育质量仍然存在很大差距。因此，有必要在研究生教育管理中加强质量控制，正确处理数量和质量之间的关系。第一，完善研究生教育质量保障体系，管好研究生教育质量的"入口"和"出口"。第二，提高研究生教育质量意识，加强研究生教育文化建设。第三，加强教育行政部门的指导和监督作用，加强社会的监督作用，使质量保障覆盖研究生教育的全过程。

参考文献

［1］〔英〕托尼·布什.当代西方教育管理模式［M］.强海燕，译.南京：
    南京师范大学出版社，1988.

［2］顾明远.教育大辞典［M］.上海：上海教育出版社，1998.

［3］潘懋元.新编高等教育学［M］.北京：北京师范大学出版社，1999.

［4］吴志宏，等.新编教育管理学［M］.上海：华东师范大学出版社，
    2000.

［5］薛天祥.研究生教育管理学［M］.桂林：广西师范大学出版社，
    2001.

［6］薛天祥.研究生教育学［M］.桂林：广西师范大学出版社，2001.

［7］沈壮海.思想政治教育有效性研究［M］.武汉：武汉大学出版社.
    2002.

［8］谢桂花.20世纪的中国高等教育［M］.北京：高等教育出版社，
    2003.

［9］康翠萍.学位论［M］.北京：人民教育出版社，2005.

［10］廖文武.鉴往思来：研究生教育创新的探索与实践［M］.上海：复
    旦大学出版社，2005.

［11］沙志平.现代高校管理［M］.天津：天津科学技术出版社，2006.

[12] 张耀灿. 现代思想政治教育学 [M]. 北京：人民出版社，2006.

[13] 刘基. 高校思想政治教育论 [M]. 北京：中国社会科学出版社，
2006.

[14] 郑燕祥. 教育范式转变：效能保证 [M]. 上海：上海教育出版
社，2007.

[15] 徐小洲，等. 当代韩国高等教育研究 [M]. 杭州：浙江大学出版社，
2007.

[16] 朱容臬. 现代高校管理研究 [M]. 海口：海南出版社，2007.

[17] 张耀灿，陈万柏. 思想政治教育学原理 [M]. 北京：高等教育出版
社，2007.

[18] 黄崴. 教育管理学 [M]. 北京：中国人民大学出版社，2009.

[19] 刘国军，彭涛. 研究生思想政治教育理论与实践研究 [M]. 长春：
吉林人民出版社，2010.

[20] 周光礼. 公共政策与高等教育——高等教育政治学引论 [M]. 武
汉：华中科技大学出版社，2010.

[21] 刘志东. 韩国高等教育管理 [M]. 沈阳：辽宁大学出版社，2010.

[22] 许红. 中美研究生培养模式比较研究 [M]. 成都：四川大学出版
社，2010.

[23] 骆郁廷. 当代大学生思想政治教育 [M]. 北京：中国人民大学出版
社，2010.

[24] 褚宏启. 教育政策学 [M]. 北京：北京师范大学出版社，2011.

[25] 郭跃，郝明君，万伦. 学科建设与研究生教育新论 [M]. 重庆：重
庆大学出版社，2012.

[26] 李炎芳. 集思凝智 桂研撷英 [M]. 武汉：华中师范大学出版社，

2012.

［27］徐建军.研究生思想政治教育的探索与创新［M］.长沙：中南大学出版社，2012.

［28］周叶中，程斯辉.研究生培养模式改革研究［M］.北京：人民教育出版社，2013.

［29］孟洁，史健勇.中国研究生招生制度变革研究［M］.北京：中国政法大学出版社，2013.

［30］研究生教育体制改革研究课题组.中国研究生教育体制改革研究［M］.北京：高等教育出版社，2013.

［31］张建功.中美专业学位研究生培养模式比较研究［M］.广州：华南理工大学出版社，2014.

［32］魏志敏，高艳.研究生思想政治教育与创新能力培养［M］.北京：中国文史出版社，2014.

［33］徐园媛，王净萍.研究生思想政治教育创新模式构建［M］.成都：西南交通大学出版社，2014.

［34］安世遨.教育管理对话论［M］.重庆：重庆大学出版社，2015.

［35］孙进.定位与发展：比较教育的理论、方法与范式［M］.济南：山东教育出版社，2015.

［36］谢瑜.思辨的力量［M］.成都：西南交通大学出版社，2015.

［37］陈万伯，张耀灿.思想政治教育学原理［M］.北京：高等教育出版社，2015.

［38］丁振国.高校党建与思想政治教育新论［M］.武汉：中国地质大学出版社，2016.

［39］冯国涛，李晓秀.研究生思想政治教育与管理［M］.成都：四川大

学出版社，2016.

[40] 余桂红.中国研究生招考方式改革研究［M］.武汉：武汉大学出版社，2016.

[41] 马健生，陈玥.21世纪世界高水平大学研究生教育：新特点与新趋势［M］.北京：高等教育出版社，2016.

[42] 朱晓闻.研究生教育与培养研究［M］.成都：西南交通大学出版社，2018.

[43] 王战军.中国学位与研究生教育40年：1978—2018［M］.北京：中国科学技术出版社，2018.

[44] 刘海兰.中美研究生招生考试制度的比较研究［D］.长沙：湖南师范大学，2005.

[45] 陶春莉.中国研究生培养模式的发展演变轨迹及其时代特征［D］.兰州：兰州大学，2006.

[46] 曹勇明.高等学校学生管理的科学化问题研究［D］.成都：四川大学，2007.

[47] 杨永革.我国高等学校学术组织研究［D］.西安：西安电子科技大学，2007.

[48] 陈冰玉.论高校问责制［D］.武汉：中南民族大学，2007.

[49] 王娜.我国硕士研究生招生中的录取问题研究［D］.武汉：华中师范大学，2007.

[50] 索昭昭.研究生招生考试制度的国际比较与借鉴［D］.苏州：苏州大学，2008.

[51] 谢步江.我国的研究生培养机制改革及其对研究生培养质量的影响［D］.上海：复旦大学，2009.

[52] 杨院.我国研究型大学研究生院制度探析［D］.厦门：厦门大学，2009.

[53] 杨绍志.改革开放30年我国研究生招生制度演变研究［D］.保定：河北大学，2010.

[54] 王艺烨.研究生培养机制改革背景下研究生奖助体系研究［D］.大连：大连理工大学，2011.

[55] 肖建琴.我国硕士研究生入学考试制度改革研究［D］.武汉：中南民族大学，2012.

[56] 殷丛从.我国政府对高校分类指导的协商机制［D］.济南：山东大学，2012.

[57] 张晓倩.文科硕士研究生学习生活现状调研——以C大学为个案［D］.兰州：兰州大学，2013.

[58] 崔其丽.新时期高校研究生教育管理问题研究［D］.北京：中国地质大学（北京），2013.

[59] 黄文珊.地方高校硕士研究生新型资助体系建构研究［D］.南昌：江西师范大学，2014.

[60] 李久东.地方高校研究生教育管理体制研究［D］.桂林：广西师范大学，2014.

[61] 金云志.硕士研究生培养质量评价体系研究［D］.南昌：江西师范大学，2014.

[62] 李晨星.改革开放以来我国研究生教育的政策研究［D］.长沙：湖南师范大学，2016.

[63] 周丽娟.我国专业学位硕士研究生招生制度改革研究［D］.郑州：河南大学，2016.

［64］李芹娜. 中国博士研究生招生政策文献质性考察与量化研究
（1981—2017）［D］. 合肥：中国科学技术大学，2018.

［65］董力. 关于自我教育的思考［J］. 清华大学教育研究，1998（1）：
3-5.

［66］陈廷柱. 关于研究生教育与本科教育相衔接的探讨［J］. 学位与研究
生教育，2001（7）：32-34.

［67］张曦，段雄. 研究生的自我教育［J］. 学位与研究生教育，2001
（10）：37-39.

［68］储朝晖. 研究生学术活动的理念及运作［J］. 学位与研究生教育，
2003（1）：34-37.

［69］黄德峰，刘猛，王本余. 美国研究生招生考试制度的比较与借鉴
［J］. 现代大学教育，2003（1）：76-79.

［70］张磊，陈谷纲. 高校研究生群体文化建设探究［J］. 华东师范大学学
报，2004（3）：92-96.

［71］李浪，张国平，吴佩林. 我国硕士研究生入学考试科目改革［J］. 理
工高教研究，2004（3）：76-77.

［72］李八方，周珊珊，曹扬. 研究生教育质量保证体系的构成、特征和
控制［J］. 学位与研究生教育，2004（6）：20-24.

［73］金浩. 对我院硕士研究生培养模式的若干思考［J］. 北京舞蹈学院学
报，2005（1）：26-31.

［74］徐前华，王莉芳，郗英. 研究生"链式"培养模式的探讨［J］. 高等
理科教育，2005（2）：48-50.

［75］司林波，韩兆柱. "小政府"理念与政府职能转变［J］. 中共山西省
委党校省直分校学报，2006（1）：47-49.

［76］秦秋凤.研究生教育在研究型大学建设中的作用［J］.北京交通大学学报（社会科学版），2006（2）：73-76.

［77］孙治平.加强和改进研究生思想政治教育的对策研究［J］.佳木斯大学学报，2006（2）：118.

［78］江莹.我国研究生招生考试制度改革的回顾与设想［J］.中国高教研究，2006（3）：29-31.

［79］张玲，张惠璃.浅谈高校学生管理工作中的人性化管理［J］.中国高教研究，2006（3）：87-88.

［80］张来斌，鲍志东，张士诚，等.面向国家重大需求改革研究生培养模式［J］.中国高教研究，2006（4）：22-23.

［81］潘柳燕.现代自我教育探析［J］.广西大学学报，2006（4）：111-116.

［82］张继蓉，李素琴.研究生培养目标的历史嬗变与现阶段我国研究生培养目标的定位［J］.学位与研究生教育，2006（11）：18-21.

［83］李素琴，等.试析我国研究生教育目标科学定位的哲学依据［J］.中国高教研究，2007（3）：38-48.

［84］鲁满新，刘彬.研究生群体文化及其功能［J］.文教资料，2007（30）：49-50.

［85］陈闻.研究生自我教育探析［J］.学位与研究生教育，2008（8）：23-26.

［86］王莹，朱方长.我国专业学位与学术学位研究生教育模式的比较分析［J］.当代教育论坛，2009（2）：100-102.

［87］朱宏清，陈鸣曦.美国高校的研究生培养模式［J］.江苏高教，2009（3）：143-146.

[88] 王建康，曹健.导师对研究生学术努力行为影响的实证分析——以某"211工程"高校文科硕士研究生为例 [J].学位与研究生教育，2009（6）：59-64.

[89] 别敦荣，陶学文.我国专业学位研究生教育质量保障体系设计 [J].现代教育管理，2009（8）：100-103.

[90] 胡玲琳，谢安邦.我国高校研究生培养模式研究 [J].高等教育研究，2010，31（2）：5.

[91] 韩映雄.我国专业学位研究生教育发展规划与改革 [J].现代教育管理，2010（3）：67-70.

[92] 周霞，祝文燕，陈蒲晶.探索分层分类持续的研究生就业指导策略——一项基于调查的研究 [J].学位与研究生教育，2010（4）：49-53.

[93] 陈伟，裴旭，朱玉春.我国研究生教育质量保障体系构建的有关探讨 [J].学位与研究生教育，2010（7）：50-54.

[94] 陈明学.规范高校人才培养方案评审过程的思考 [J].江苏高教，2011（1）：96-97.

[95] 刘平，顾丽琴，吴旭舟.研究生培养质量评价指标体系的构建研究 [J].研究生教育研究，2011（5）：60-64.

[96] 姚坤，姜丽萍，洪伟丽，朱方.高校研究生生活方式现状与影响因素研究 [J].浙江体育科学，2011（5）：42-47.

[97] 苏兆斌，李天鹰.我国学位授予审核现状分析及改进建议 [J].现代教育管理，2011（6）：101-104.

[98] 邓淑娅，邵军.研究生思想政治教育工作的问题与对策 [J].黑龙江高教研究，2011（10）：158.

［99］蒋馨岚，徐梅.世界一流大学的研究生教育质量保障体系：特征与启示［J］.学位与研究生教育，2011（11）：14–18.

［100］黄成华.研究生学术道德培养与监督的制度建设［J］.湖北经济学院学报（人文社会科学版），2011（12）：172–173.

［101］顾越桦.全日制硕士研究生分类培养模式的构建研究［J］.江苏高教，2012（1）：108–110.

［102］郭建如.我国高校博士生教育质量保障：制度与文化分析［J］.高等教育研究，2012（6）：41–51.

［103］方昱婷.关于改进研究生入学考试和招生录取方式的研究［J］.福建教育学院学报，2012（6）：60–62.

［104］何晓芳，岳鹏飞.我国大学治理研究现状与问题［J］.现代教育科学，2012（9）：19–23.

［105］王炜，许成祥，贾善坡.研究生教育目标辨析［J］.产业与科技论坛，2012（18）：174–175.

［106］林玲，胡劲松.论学位授予中的非学术标准［J］.高等教育研究，2013（2）：43–49.

［107］高明，计龙龙.马斯洛需要层次理论视野下研究生自我教育问题探析［J］.研究生教育研究，2013（2）：49–52.

［108］王任模，黄静.新时期研究生招生信息化的思考［J］.黑龙江教育（高教研究与评估），2013（4）：68–70.

［109］陈勇，陈蕾，陈旻.立德树人：当代大学生思想政治教育的根本任务［J］.思想理论教育导刊，2013（4）：9–14.

［110］周玉敏，邓维斌，高锡荣.研究生管理决策方法课程实验教学体系设计［J］.实验技术与管理，2013，30（5）：135–138.

［111］罗尧成.优质教育资源共享理念下研究生培养模式改革的思考［J］.
学位与研究生教育，2013（7）：1-6.

［112］纪宝成.世纪之交中国高等教育管理体制改革的历史回顾［J］.中
国高教研究，2013（8）：6-13.

［113］侯树成，董春游，韩大伟.试论研究生教育管理工作的体制与模式
［J］.黑龙江高教研究，2013，31（8）：33-35.

［114］李博，陈艳慧，张瑾，李勇.提高地方院校研究生学位授予质量的
探究分析［J］.现代交际，2013（9）：243-244.

［115］郭艳文，李锦玉，周海瑞.试论高校研究生就业指导模式的构建
［J］.黑龙江高教研究，2013（10）：143-144.

［116］曾珠.我国研究生教育管理模式研究［J］.学校党建与思想教育，
2013（18）：55-56.

［117］左静.论研究生的教育管理［J］.教育与职业，2013（35）：35-36.

［118］皮武.大学的课程决策陷阱：基于镜像政治视角的分析［J］.现代
大学教育，2014（1）：1-6，111.

［119］李涛，沈聪伟.加强研究生就业指导课程建设的思考［J］.首都师
范大学学报（社会科学版），2014（4）：146-151.

［120］沈颖达，赵梦祎，周衍彤.新媒体视域下青年工作与团建创新的探
索［J］.南昌师范学院学报，2014（4）：70-72.

［121］陈翠荣，储祖旺，胡成玉.我国高校辅导员制度的变迁与展望
［J］.学校党建与思想教育，2014（8）：83-86.

［122］史万兵，林媛媛，董应虎.基于质量文化的研究生学术规范培养的
管理维度［J］.研究生教育研究，2014（6）：11-15.

［123］杨红霞.改革人才培养模式提高人才培养质量——国家教育体制改

革试点调研报告［J］.中国高教研究，2014（10）：44-51.

［124］王绍彬.高校研究生群体安全状况研究［J］.广州化工，2014
（11）：253-254.

［125］王战军.构建研究生教育质量保障体系——理念、框架、内容
［J］.研究生教育研究，2015（1）：1-5.

［126］胡莹.关于我国研究生学位授权审核制度的再思考［J］.研究生教
育研究，2015（1）：32-36.

［127］刘红.专业学位研究生课程建设：知识生产新模式的视角［J］.中
国高教研究，2015（3）：36-40.

［128］周广.美国、日本、中国三国研究生招生制度比较［J］.教书育人
（高教论坛），2015（3）：78-80.

［129］耿红，张海防.试论研究生就业竞争力的提升［J］.江苏高教，
2015（3）：121-123.

［130］刘若华，姚勇，覃文庆.研究生安全教育管理模式的研究与探索
［J］.黑龙江教育学院学报，2015（3）：4-6.

［131］黄洁.研究生就业的现实困境与思考［J］.中国高校科技，2015
（6）：35-37.

［132］张秀三.美国研究生招生选拔机制研究及启示［J］.高教探索，
2015（8）：99-104.

［133］牛惜晨.研究生生活状态的对比分析与调试［J］.西部素质教育，
2015（10）：19.

［134］汪霞，卞清，孙俊华.论学术学位研究生课程体系建设［J］.学位
与研究生教育，2015（10）：30-34.

［135］蒋龙，马强，徐春玲.研究生开展入学自我教育的必要性及实现途

径［J］.北京教育，2015（12）：38-40.

［136］葛昀洲，赵文华.美国研究型大学校企联合培养博士后管理体制分析——基于罗格斯大学RPIF项目的研究［J］.复旦教育论坛，2015（4）：94-99.

［137］李琬勋，李娜，于怀勇.高校研究生群体社会主义核心价值观教育浅析［J］.学理论，2015（16）：229-230.

［138］陈洪，捷沈文，钦高耀，赵世奎.学位授权审核机制改革与我国研究生教育治理路径的调整［J］.教育研究，2016（1）：17-25.

［139］高娜.高校研究生自我教育之解读［J］.长春工程学院学报，2016（3）：111-113，135.

［140］娄坤.公共管理视阈中高等教育管理范式重构研究［J］.山东科技大学学报，2016（6）：100-106.

［141］袁本涛.关于我国研究生学位类型划分的思考［J］.大学科学教育，2016（6）：24-28+121.

［142］李振键，管帅华.研究生就业核心竞争力提升策略研究［J］.学位与研究生教育，2016（10）：47-50.

［143］张迪，李岳，石武祯.当前研究生安全教育问题的几点思考［J］.中国研究生，2016（10）：47-50.

［144］门志国，王蕾，王兴梅.研究生思想政治教育协同管理模式研究［J］.黑龙江高教研究，2016（10）：145-147.

［145］李志宇.研究生思想政治教育多维管理模式的探究［J］.继续教育研究，2016（10）：103-104.

［146］黎军，宋亚峰.教育经济与管理专业硕士研究生培养现状及对策研究［J］.学位与研究生教育，2016（11）：46-50.

[147] 向智男，熊玲.关于推进学术型研究生课程建设国际化的思考与探索 [J].学位与研究生，2016（12）：39-44.

[148] 谢洁芬，陈晓梅.论研究生就业指导课程建设路径优化 [J].中国成人教育，2016（16）：103-106.

[149] 李国章，鲍金勇.需求视角下高校研究生就业指导模式的优化 [J].教育与职业，2016（20）：61-63.

[150] 许晶.大数据对高等教育管理的影响与优化管理 [J].中国成人教育，2016（23）：42-44.

[151] 叶晓力，欧阳光华.我国博士研究生招考制度：历史、现状及趋势 [J].研究生教育研究，2017（3）：26-30.

[152] 段又菁.全日制专业学位研究生就业现状及对策 [J].继续教育研究，2017（5）：103-105.

[153] 张立迁，梁候明，陈冠云.从"管理"到"治理"：高校研究生招生组织运行模式嬗变 [J].黑龙江高教研究，2017（5）：45-48.

[154] 张智.思想政治工作从根本上说是做人的工作 [J].思想教育研究，2017（5）：7-10.

[155] 胡绪明，刘鹏.社会主义核心价值体系融入大学生思想政治教育方法论探析 [J].思想政治教育研究，2017，33（5）：91-96.

[156] 刘禹辰，付婷婷，崔延生，王卉，王海燕.高校研究生安全教育现状与问题 [J].当代教育实践与教学研究，2017（7）：54.

[157] 李双阳，张建兴，冯旭东.研究生群体的思想特点和教育策略 [J].科教导刊，2017（8）：34-35.

[158] 李福华，姚云钟，秉林.中国研究生学位授权审核法治化35年的回顾与发展展望 [J].高等教育研究，2017（9）：50-55.

［159］曹雷，邢蓉，才德昊.研究生学位授予质量管理体系构建研究——基于H大学的实践［J］.东北师大学报（哲学社会科学版），2018（2）：183-188.

［160］金鸣娟，吕佳卉，孙凯敏.运用社交网络提升研究生思想政治教育的亲和力和针对性［J］.思想教育研究，2018（2）：116—119.

［161］孙悦，李江燕.导师与辅导员协同育人的研究生思想道德 教育创新模式研究［J］.辽宁经济管理干部学院学报，2018，97（3）：77-79.

［162］杨志恒，李凯月，王丽瑜.研究生就业与地区发展的时空匹配分析——基于山东省的实证研究［J］.山东师范大学学报（自然科学版），2018（4）：414-420.

［163］刘禹辰，崔延生，付婷婷，费德厚.高校研究生安全教育工作研究与对策分析［J］.湖北函授大学学报，2018（4）：13-14，25.

［164］李权，王海峰，伍晓春.硕士研究生"三级管理两层次培养"的人才培养模式探索［J］.化学教育（中英文），2018，39（4）：56-59.

［165］唐润，尹星.研究生教育中的师生博弈关系及管理策略分析［J］.研究生教育研究，2018（6）：70-75.

［166］宋朝阳.全日制与非全日制研究生统筹管理改革刍议［J］.国家教育行政学院学报，2018（6）：22-27.

［167］孟芯纬，孙存昌.我国研究型大学组织结构的变革分析——基于"去行政化"视角［J］.当代教育科学，2018（7）：72-77.

［168］王妍稳，廖仁梅.基于幸福感提升的研究生教育管理模式探究［J］.黑龙江畜牧兽医，2018（11）：239-241.

［169］周佑勇.论高校自主设置研究生招生条件的正当性及其限制［J］.苏州大学学报（哲学社会科学版），2018（3）：41-51+40.

［170］刘永平，王力尘.自媒体时代增强马克思主义大众化实效性对策研究［J］.辽宁工业大学学报（社会科学版），2018（5）：10-12.

［171］卢勃，刘邦卫，鲁伟伟，等.从管理到治理：研究生教育立德树人的四维建构［J］.研究生教育研究，2019（2）：61-65.

［172］王广义，徐健.自媒体环境下研究生思想政治教育的若干思考［J］.海军工程大学学报（综合版），2019（2）：87-91.

［173］龚向和，张颂昀.论硕士、博士学位授予的学术标准［J］.学位与研究生教育，2019（3）：56-64.

［174］秦国柱，孙志远.改革开放40年来研究生招生选拔模式变革趋势、问题及对策［J］.黑龙江高教研究，2019（5）：100-106.

［175］崔瑞霞，谢喆平，石中英.高等教育内涵式发展：概念来源、历史变迁与主要内涵［J］.清华大学教育研究，2019（6）：1-9.

［176］于菲，邱文琪，岳昌君.我国研究生就业状况实证研究［J］.学位与研究生教育，2019（6）：32-38.

［177］吴云勇.研究生培养政策20年：演变逻辑与发展走向［J］.吉首大学学报（社会科学版），2019（6）：51-57.

［178］李冉.提高马克思主义理论学科研究生培养质量要善于用好研究生培养方案这个抓手［J］.思想教育研究，2019（7）：86-88.

［179］鲁义善，夏立群.研究生教育中师生关系存在的问题及优化建议［J］.大学教育，2019（10）：27-29.

［180］焦磊，袁琴.专业硕士学位教育吸纳外部关键利益相关者参与的机制研究——美国的经验［J］.高教探索，2019（11）：52-57.

[181] 朱鹏宇，马永红，白丽新.新中国成立70年来研究生招生制度变迁逻辑：回顾与展望［J］.中国高教研究，2019（11）：27-33+82.

[182] 赵慕泽.研究生校园安全教育对于高校管理的重要性研究［J］.智库时代，2019（20）：133，135.

[183] 王保华，骆潇.互联网背景下教育舆情的形势特征与治理［J］.中国高等教育，2019（8）：39-41.

[184] 张彬.高校研究生思想政治教育工作存在的问题及对策研究［J］.教育现代化，2019，6（38）：180-181.

[185] 王政文.习近平新时代高校思政教育立德树人思想研究［J］.黑龙江教育（理论与实践），2019（Z2）：4-5.

[186] 魏舶.高校研究生思想政治教育工作新路径探究［J］.长春大学学报，2019，29（6）：81-84.